CURRÍCULO E PRÁTICA DOCENTE
UM OLHAR SOBRE O CURSO DE CIÊNCIAS ECONÔMICAS

Editora Appris Ltda.
1.ª Edição - Copyright© 2024 dos autores
Direitos de Edição Reservados à Editora Appris Ltda.

Nenhuma parte desta obra poderá ser utilizada indevidamente, sem estar de acordo com a Lei nº 9.610/98. Se incorreções forem encontradas, serão de exclusiva responsabilidade de seus organizadores. Foi realizado o Depósito Legal na Fundação Biblioteca Nacional, de acordo com as Leis nos 10.994, de 14/12/2004, e 12.192, de 14/01/2010.

Catalogação na Fonte
Elaborado por: Dayanne Leal Souza
Bibliotecária CRB 9/2162

B456o
2024
	Benadiba, Moses
	    Um olhar sobre o curso de Ciências Econômicas: currículo e prática docente / Moses Benadiba. – 1. ed. – Curitiba: Appris, 2024.
	    125 p. : il. ; 23 cm. – (Coleção Educação, Tecnologias e Transdisciplinaridades).
	
	    Inclui referências.
	    ISBN 978-65-250-6625-7
	
	    1. Ciências econômicas. 2. Professores. 3. Competências. 4. Currículo. I. Benadiba, Moses. II. Título. III. Série.
	
	                                                                                CDD – 370.7

Livro de acordo com a normalização técnica da ABNT

Appris editora

Editora e Livraria Appris Ltda.
Av. Manoel Ribas, 2265 – Mercês
Curitiba/PR – CEP: 80810-002
Tel. (41) 3156 - 4731
www.editoraappris.com.br

Printed in Brazil
Impresso no Brasil

Moses Benadiba

CURRÍCULO E PRÁTICA DOCENTE
UM OLHAR SOBRE O CURSO DE CIÊNCIAS ECONÔMICAS

Appris editora

Curitiba, PR
2024

FICHA TÉCNICA

EDITORIAL	Augusto Coelho
	Sara C. de Andrade Coelho

COMITÊ EDITORIAL:
- Ana El Achkar (Universo/RJ)
- Andréa Barbosa Gouveia (UFPR)
- Antonio Evangelista de Souza Netto (PUC-SP)
- Belinda Cunha (UFPB)
- Délton Winter de Carvalho (FMP)
- Edson da Silva (UFVJM)
- Eliete Correia dos Santos (UEPB)
- Erineu Foerste (Ufes)
- Fabiano Santos (UERJ-IESP)
- Francinete Fernandes de Sousa (UEPB)
- Francisco Carlos Duarte (PUCPR)
- Francisco de Assis (Fiam-Faam-SP-Brasil)
- Gláucia Figueiredo (UNIPAMPA/ UDELAR)
- Jacques de Lima Ferreira (UNOESC)
- Jean Carlos Gonçalves (UFPR)
- José Wálter Nunes (UnB)
- Junia de Vilhena (PUC-RIO)
- Lucas Mesquita (UNILA)
- Márcia Gonçalves (Unitau)
- Maria Aparecida Barbosa (USP)
- Maria Margarida de Andrade (Umack)
- Marilda A. Behrens (PUCPR)
- Marília Andrade Torales Campos (UFPR)
- Marli Caetano
- Patrícia L. Torres (PUCPR)
- Paula Costa Mosca Macedo (UNIFESP)
- Ramon Blanco (UNILA)
- Roberta Ecleide Kelly (NEPE)
- Roque Ismael da Costa Güllich (UFFS)
- Sergio Gomes (UFRJ)
- Tiago Gagliano Pinto Alberto (PUCPR)
- Toni Reis (UP)
- Valdomiro de Oliveira (UFPR)

SUPERVISORA EDITORIAL	Renata C. Lopes
PRODUÇÃO EDITORIAL	Renata Miccelli
REVISÃO	Andrea Bassoto Gatto
DIAGRAMAÇÃO	Andrezza Libel
CAPA	Carlos Pereira
REVISÃO DE PROVA	Daniela Nazario

COMITÊ CIENTÍFICO DA COLEÇÃO EDUCAÇÃO, TECNOLOGIAS E TRANSDISCIPLINARIDADE

DIREÇÃO CIENTÍFICA	Dr.ª Marilda A. Behrens (PUCPR)	Dr.ª Patrícia L. Torres (PUCPR)
CONSULTORES	Dr.ª Ademilde Silveira Sartori (Udesc)	Dr.ª Iara Cordeiro de Melo Franco (PUC Minas)
	Dr. Ángel H. Facundo (Univ. Externado de Colômbia)	Dr. João Augusto Mattar Neto (PUC-SP)
	Dr.ª Ariana Maria de Almeida Matos Cosme (Universidade do Porto/Portugal)	Dr. José Manuel Moran Costas (Universidade Anhembi Morumbi)
	Dr. Artieres Estevão Romeiro (Universidade Técnica Particular de Loja-Equador)	Dr.ª Lúcia Amante (Univ. Aberta-Portugal)
	Dr. Bento Duarte da Silva (Universidade do Minho/Portugal)	Dr.ª Lucia Maria Martins Giraffa (PUCRS)
	Dr. Claudio Rama (Univ. de la Empresa-Uruguai)	Dr. Marco Antonio da Silva (Uerj)
	Dr.ª Cristiane de Oliveira Busato Smith (Arizona State University /EUA)	Dr.ª Maria Altina da Silva Ramos (Universidade do Minho-Portugal)
	Dr.ª Dulce Márcia Cruz (Ufsc)	Dr.ª Maria Joana Mader Joaquim (HC-UFPR)
	Dr.ª Edméa Santos (Uerj)	Dr. Reginaldo Rodrigues da Costa (PUCPR)
	Dr.ª Eliane Schlemmer (Unisinos)	Dr. Ricardo Antunes de Sá (UFPR)
	Dr.ª Ercilia Maria Angeli Teixeira de Paula (UEM)	Dr.ª Romilda Teodora Ens (PUCPR)
	Dr.ª Evelise Maria Labatut Portilho (PUCPR)	Dr. Rui Trindade (Univ. do Porto-Portugal)
	Dr.ª Evelyn de Almeida Orlando (PUCPR)	Dr.ª Sonia Ana Charchut Leszczynski (UTFPR)
	Dr. Francisco Antonio Pereira Fialho (Ufsc)	Dr.ª Vani Moreira Kenski (USP)
	Dr.ª Fabiane Oliveira (PUCPR)	

Aos queridos:
Rosa, minha amorosa esposa;
Sol e Moses, meus avós paternos;
Clara e Samuel, meus avós maternos;
Mercedes e Vidal, meus pais;
Rubens, meu irmão;
Elydio dos Santos Neto, meu amigo e mestre.
Seres especiais!
Agradeço a oportunidade de ter convivido com vocês.
(in memoriam)

Para
Vidal, Felix Emil e Marcel, meus filhos;
Brenda, Rafael, Clara, Sara, Rachel, Isabela e Carolina, meus netos.

AGRADECIMENTOS

A D'us[1], pela oportunidade da vida e ter conseguido chegar até este momento.

À pátria Brasil, pela capacidade de unir todos os povos sob sua bandeira verde e amarela, égide de amor.

À professora doutora Regina Lúcia Giffoni Luz de Brito, minha cara orientadora, pela amizade e compreensão nos momentos mais críticos.

Ao professor doutor Frederico Kauffmann Barbosa, pelo apoio e amizade.

Aos professores doutores Marcos Tarciso Masetto e Ladislau Dowbor, pelo apoio e amizade.

À professora doutora Rosália Maria Ribeiro de Aragão, pelo apoio e amizade leais

Aos professores doutores do Programa de Pós-Graduação em Educação: Currículo, da PUC São Paulo, pela sua amizade.

A todos os professores, sujeitos da minha pesquisa, pelo empenho, amizade e compreensão.

À Pontifícia Universidade Católica, na pessoa da coordenadora do Programa de Pós-Graduação em Educação: Currículo, professora doutora Branca Jurema Ponce, pelo apoio e amizade.

---

[1] Moisés ben Maimônides, o Espanhol, não utiliza a palavra "Deus" para referir-se ao "Senhor" ou "Todo-Poderoso", e, aqui, faremos como ele e utilizaremos a forma "D'us". Ver NAJMANOVICH, R. L. **Maimônides**. Rio de Janeiro: Jorge Zahar, 2006, p. 17.
Eu, Moses Benadiba, também grafei desta maneira, por minha convicção, em sinal de respeito ao Criador.

APRESENTAÇÃO

Este livro tem a sua origem na minha tese de doutoramento elaborada no período entre 2011 e 2014, na Pontifícia Universidade Católica de São Paulo (PUC-SP), com orientação da professora doutora Regina Lucia Giffoni Luz de Brito.

O curso foi "sugestão/presente" da minha querida esposa, Rosa (1947-2015). Para o leitor entender: num dia ensolarado, voltando do supermercado, ela se deparou com um aviso na porta da PUC-SP a respeito de cursos de mestrado e doutorado em Educação: Currículo. Ela aproveitou o momento para perguntar sobre inscrição, disciplinas, entre outros, e indicou o meu nome como candidato. Já em casa, ela comunicou: "Você está inscrito no curso de doutorado em Educação na PUC-SP, e mais, tem uma semana para se preparar para as provas de seleção, incluindo a apresentação do projeto de pesquisa!".

Nas horas de escrita da tese, a Rosa era a minha professora de português. Mesmo doente, no final da tese, ela me auxiliava com suas aulas de gramática.

Ela não conseguiu assistir à minha defesa. A doença, infelizmente, a venceu.

Portanto, a ela devo o título de doutor: E, nestas linhas, expresso o meu agradecimento a ti, Rosa, por essa "sugestão/presente", pelas aulas de gramática, pela sua paciência e pelo seu amor!

Tive ótimos professores, conhecidos meus por meio de suas obras: Prof. Masetto, Prof. Dowbor, Prof. Chizzotti, Prof. Cortella, entre outros. Foram anos corridos, porém, prazerosos! Uma avalanche de conhecimentos!

A tese pronta: não era esse só o intuito! Receber o título, talvez, mas também não! Espalhar os conhecimentos, isso sim, então publicá-la era a melhor coisa a fazer!

Caro leitor, você tem aqui a história do presente livro!

Moses Benadiba

ALGUMAS PALAVRAS

É com grande satisfação que escrevo "algumas palavras" de abertura para este livro de um querido amigo, que vai muito além de um simples relato acadêmico, integrando de forma profunda a jornada pessoal e profissional do autor com um estudo científico e social meticuloso. O texto oferece uma perspectiva interdisciplinar essencial para uma compreensão mais holística das Ciências Econômicas e da formação docente.

Desde o início, o leitor é guiado por uma metodologia de pesquisa cuidadosamente selecionada, destinada a desvendar as nuances da formação dos professores de Ciências Econômicas. O autor adota uma postura reflexiva, integrando suas vivências pessoais e práticas de mercado com teorias acadêmicas. Essa intersecção entre prática e teoria é fundamental para a criação de um conhecimento relevante e aplicável, respondendo às reais demandas do mercado e necessidades sociais.

Uma das questões centrais abordadas é a formação do professor e o currículo. A obra oferece uma reflexão profunda sobre as competências e os saberes necessários para a docência eficaz em Ciências Econômicas. Destaca a importância de um currículo que não só abranja os aspectos teóricos da economia, mas que também incorpore elementos práticos, preparando os alunos para os desafios do mercado de trabalho. Enfatiza a necessidade de uma abordagem interdisciplinar na formação dos professores, argumentando que, para enfrentar os complexos desafios do século XXI, os educadores precisam desenvolver habilidades que transcendem as fronteiras tradicionais das disciplinas acadêmicas. Essa visão é apoiada por uma análise detalhada das práticas pedagógicas e da inovação curricular, propondo uma educação que prepare os alunos para um mundo em constante transformação.

O texto apresenta e analisa dados coletados na pesquisa, fornecendo percepções valiosas sobre o estado atual da educação em Ciências Econômicas. A reflexão sobre esses dados é realizada à luz das contribuições teóricas de especialistas, permitindo uma compreensão aprofundada das práticas educacionais e das necessidades de aprimoramento na formação docente.

Nas considerações finais, o autor retoma as questões centrais da pesquisa, oferecendo respostas baseadas nas hipóteses e objetivos inicialmente propostos. Essa parte da obra é especialmente significativa, pois não apenas sintetiza os achados da pesquisa, mas também propõe caminhos futuros para a educação em Ciências Econômicas, enfatizando a importância de uma formação contínua e adaptativa para os professores.

Em conclusão, convido todos a embarcar nessa jornada de reflexão sobre a interconexão entre teoria e prática na formação docente. Ao explorar profundamente as competências e saberes necessários para a docência em Ciências Econômicas, meu amigo nos guia por uma jornada que é ao mesmo tempo pessoal e universal. Esta obra é um testemunho da importância de uma educação que valorize a interdisciplinaridade, a inovação e a relevância prática, preparando educadores e alunos para os desafios do futuro.

Mergulhe neste texto e descubra uma nova perspectiva sobre a educação em Ciências Econômicas, enriquecendo sua compreensão e prática docente.

Santos (SP), 1 de junho de 2024.

Frederico Kauffmann Barbosa
Doutor em Educação e amigo do autor

PREFÁCIO

Proposituras e esperanças!

Ao prefaciar este livro, intitulado *Um olhar sobre o curso de Ciências Econômicas: currículo e prática docente*, de Moses Benadiba, inspiro-me no prefácio escrito por Mario Sérgio Cortella (2019) para o livro *Formação, prática docente e currículo: inquietações e interlocuções de professores*. Ali, ele indaga: "[...] para que tudo isso? Por que tanto esforço?". Lançando mão do mesmo questionamento, encontro o motivo na sua resposta: "Porque a inércia é, de fato, um delito! [...]. Em uma realidade educacional (ainda, mas não para sempre) tão ética e qualitativamente desidratada como a nossa, é sempre decisivo que pessoas escavem proposituras passíveis de implantação e nos ofertem esperanças ativas e cenários factíveis". Isso "[...] para que a sedução do pessimismo e a complacência delituosa da inércia não nos encarcerem e nos deixem exilados na lamentação [...]".

Assim orientada, inclino-me, mais uma vez, sobre o trabalho de Benadiba e encontro tais proposituras envoltas em esperança. São reflexões demonstrativas da sabedoria daquele que traz em seu currículo a legitimidade da prática vivida e da teoria construída, mas passíveis de desconstruções e reconstruções. Movimento mediado por anos de trabalho em sua área de atuação profissional, tanto como economista quanto como professor universitário em cursos de Ciências Econômicas.

Ao ouvir professores do curso de Ciências Econômicas na busca de contribuir para a sua formação, auxiliá-los no seu cotidiano profissional, tendo em vista indicativos de possíveis avanços para o currículo do curso em questão, Benadiba adentra a andragogia, teoria de aprendizagem de adultos compreendendo, pois, o próprio processo de aprendizagem do professor(a), assim como do adulto, enquanto aprendiz. Para isso, há princípios observados nesse processo de pesquisa e também de ensino e aprendizagem ao considerar conteúdos cognitivos, procedimentais e atitudinais.

Ao lançar a questão: "Quais são as concepções dos professores sobre os saberes e as competências necessárias ao docente do curso de Ciências Econômicas e a inserção desses saberes e competências para a transformação do currículo?", Benadiba apoiou-se em alguns pontos norteadores. Trata-se de princípios indicativos de possibilidades revisoras de práticas vividas e interpretações independentes, assim como da relação entre teoria e práticas revisitadas com criticidade e criatividade. Desta feita, considerou-se respeito às decisões do adulto-aprendiz, quanto ao processo de ensino e aprendizagem do aluno e do professor inseridos no universo acadêmico.

Assim, ao buscar respostas para os questionamentos postos, Benadiba depara-se com paradoxos e contradições, tais como, ao identificar que a "[...] atuação do professor do curso de Ciências Econômicas teria, não raro, enfoque conteudista e as consequências dessas ações se refletiriam na realidade educativa. Por outro lado, as concepções desse professor demonstrariam competências e saberes ligados à concepção de uma prática pedagógica diferenciada, considerando, por exemplo, a pesquisa e a aprendizagem como consequências do ensino e da pesquisa, concepções e saberes possíveis de contribuírem para o currículo do curso" (p. 24).

Assim sendo, o autor identifica contribuições possíveis para o currículo do curso de Ciências Econômicas, considerando concepções de seus docentes, suas práticas pedagógicas, seus saberes e suas competências. Desse modo, contribui para reflexões do e sobre o professor(a) de Ciências Econômicas, sobre a sua própria prática em busca de novas alternativas, e assinala possíveis contribuições a serem incorporadas ao currículo do curso de Ciências Econômicas.

A título de conclusão, Benadiba salienta que o currículo do curso de Ciências Econômicas, ao visar-se à formação desse profissional, essencial para a sociedade, há que se levar em consideração a atualização da área em termos de conteúdos cognitivos, atitudinais e procedimentais, sublinhando as questões tecnológicas envolvidas, bem como o aprofundamento do conhecimento interdisciplinar voltado ao desenvolvimento de práticas e atividades interprofissionais. Atividades essas que exigem conhecimentos específicos da área de economia e também de outras áreas afins, como Administração, Sociologia, Política, História, Direito e a própria área de Educação. Complementando, digo: também da Ética, da Filosofia, além de outras áreas e subáreas que emergem em uma sociedade em constante e vertiginoso movimento. Portanto, a formação do profissional em Ciências Econômicas deve levar em consideração tais áreas e suas interfaces.

Moses afirma que seu estudo "[...] não pretende esgotar as discussões a respeito dos currículos inovados e inovadores ou das práticas docentes no curso de Ciências Econômicas, mas propiciar uma discussão produtiva que possa, até mesmo, desencadear novas dissertações e teses sobre o tema e, possivelmente, auxiliar instituições que busquem currículos inovadores" (p. 118). Essas proposituras, certamente, se realizarão, também por meio da presente obra, na medida em que se voltam a contribuir para a construção de cenários factíveis no que concerne ao currículo formador de nossos economistas, para que se possa cumprir o prometido no juramento profissional em destaque nas primeiras páginas deste livro: "Perante Deus, eu juro fazer da minha profissão de economista um instrumento não de valorização pessoal, mas sim utilizá-lo para a promoção do bem-estar social e econômico de meu povo e minha nação; cooperar com o desenvolvimento da Ciência Econômica e suas aplicações, observando sempre os postulados da ética profissional" (Corecon-SP, 1952).

Desta feita, o trabalho sinaliza proposituras passíveis de implementações, apresentando indicativos de cenários factíveis! São propostas envoltas em esperanças!

Regina Lúcia Giffoni Luz de Brito
Doutora em Educação e mestre em Educação, Filosofia e História da Educação pela PUC-SP. Docente, gestora, pesquisadora, autora e consultora nas áreas de Educação, Gestão e Formação de Professores

REFERÊNCIAS

CORECON-SP. Conselho Regional de Economia de São Paulo. **Juramento**. [s. l.]: Corecon, 1952. Disponível em: https://coreconsp.gov.br/juramento/. Acesso em: 15 jul. 2024.

CORTELLA, Mário Sergio. Prefácio. *In:* BRITO, Regina L. G. L. de; *et al.* **Formação, Prática Docente e Currículo:** Inquietações e Interlocuções de Professores. Curitiba: Appris, 2019.

JURAMENTO

*Perante Deus, eu juro
fazer da minha profissão de economista um instrumento não de valorização
pessoal, mas sim utilizá-lo para a promoção do bem-estar social e econômico de
meu povo e minha nação;
cooperar com o desenvolvimento da ciência econômica e suas aplicações,
observando sempre os postulados da ética profissional.*

SUMÁRIO

INTRODUÇÃO 21

1
METODOLOGIA DA PESQUISA: CAMINHOS ESCOLHIDOS 27
    1.1 SUJEITOS 30
    1.2 CENÁRIO 37

2
CIÊNCIAS ECONÔMICAS: ASPECTOS HISTÓRICOS E DETERMINANTES LEGAIS 39
    2.1 ASPECTOS HISTÓRICOS 39
        2.1.1 As Ciências Econômicas no Brasil 41
        2.1.2 Evolução conceitual das Ciências Econômicas 41
    2.2 DETERMINANTES LEGAIS 42
    2.3 OS DESAFIOS DO ECONOMISTA PARA O SÉCULO XXI 45

3
FORMAÇÃO DO PROFESSOR E CURRÍCULO: REFLEXÕES SOBRE COMPETÊNCIAS E SABERES DOCENTES 49
    3.1 CURRÍCULO: ASPECTOS ENVOLVIDOS NA FORMAÇÃO DOCENTE 49
    3.2 PROCESSOS DE ENSINO E APRENDIZAGEM 58
        3.2.1 Pesquisa como princípio educativo 59
    3.3 PROFISSÃO DOCENTE: COMPETÊNCIAS E SABERES 64

4
RETOMANDO-SE O CAMINHO TRILHADO: APRESENTAÇÃO, ANÁLISE DOS DADOS E RESULTADOS DA PESQUISA 71
    4.1 PROFESSORES ECONOMISTAS (PE) 72
    4.2 PROFESSORES COM FORMAÇÃO DIVERSA (PX) 77
    4.3 ENSINO SUPERIOR/CURSO DE CIÊNCIAS ECONÔMICAS 84
    4.4 CURRÍCULO 87
    4.5 CURSO DE CIÊNCIAS ECONÔMICAS/CURRÍCULO 93
    4.6 CURRÍCULO/INOVAÇÃO 96

4.7 PRÁTICA PEDAGÓGICA..102
4.8 CURSO DE CIÊNCIAS ECONÔMICAS/CURRÍCULO/INOVAÇÃO........106

5
UMA REFLEXÃO A PARTIR DOS DADOS COLETADOS.................113

CONSIDERAÇÕES FINAIS..119

REFERÊNCIAS..121

INTRODUÇÃO

O tema-título desta obra justifica-se pela minha história de vida profissional e pessoal, bem como por fatores de ordem científica, acadêmica e social.

Em minha vida profissional tive a oportunidade de ingressar no Departamento de Controladoria de uma grande empresa multinacional do setor automobilístico nos anos 1960, inicialmente como técnico em Contabilidade e posteriormente como economista com pós-graduação em Economia de Mercado. Permaneci nessa empresa por 29 anos, passando por vários postos, sempre nessa mesma área, porém em diversas divisões e plantas (fábricas).

Os profissionais da Controladoria eram, em sua grande maioria, economistas, o que constituía um pré-requisito. A razão deve-se pelo entendimento da Economia dividir-se em dois grandes campos de estudo: a Microeconomia e a Macroeconomia, que além de propiciarem o estudo de seus modelos por meio da Econometria, têm conceitos e ferramentas valiosas que são utilizadas pelo profissional da Controladoria para tomadas de decisão. A Economia, como Ciência Social, propõe-se a atender às necessidades humanas sabendo, por antecipação, que os recursos materiais são escassos. Assim, a escassez é o objeto principal de estudo da Ciência Econômica (Vasconcellos, 2006), uma vez que ela compreende que as necessidades humanas são ilimitadas.

Isso reforça o pré-requisito da empresa na necessidade do olhar econômico para as decisões estratégicas no Departamento de Controladoria. Essa visão, somada aos constantes estudos, colaborou para que eu construísse o que hoje considero o saber interdisciplinar[2,3] de uma

---

[2] Entendo como interdisciplinaridade no ambiente empresarial, o trabalho desenvolvido em conjunto pelos profissionais das diversas categorias dentro das empresas. Busca-se o bem comum, a continuidade da empresa. BENADIBA, Moses. **Um estudo sobre a controladoria na indústria de pequeno porte no município de São Paulo**. 2002. 172f. Dissertação (Mestrado em Controladoria e Contabilidade Estratégica) – Centro Universitário Álvares Penteado, Fundação Escola de Comércio Álvares Penteado, São Paulo, 2002. Citando Mosimann e Fisch (1999, p. 89), "a Controladoria tem a obrigação de empregar todas as suas forças para certificar-se do cumprimento da missão e da continuidade da empresa. Desse modo, ela permite a coordenação de 'esforços' para chegar-se a um 'resultado global sinérgico', isto é, chegar-se a um efeito acima da soma dos resultados das áreas da empresa" (p. 26-27). "A Controladoria [...] é a única área dentro da empresa com a visão e instrumentação necessárias e suficientes para promover a otimização do todo." (p. 27).

[3] A interdisciplinaridade é vista por Ivani Fazenda, em suas **Reflexões metodológicas sobre a tese: interdisciplinaridade – Um projeto em parceria**, "como atitude possível frente ao conhecimento". "Questiona-se 'atitude de quê?' para depois explicitar 'atitude de busca de alternativas para *conhecer mais e melhor*; atitude

Controladoria, assim como o reconhecimento da sua principal ferramenta, a Contabilidade Gerencial, corroborada por Atkinson, Banker, Kaplan e Young (2000).

A partir dos anos 1990, mais precisamente em 1995, deixei essa empresa como funcionário e passei a desempenhar a função de consultor econômico-financeiro, com a finalidade de mediar a venda de uma das suas plantas, em Jaboatão dos Guararapes, Recife (PE). Posteriormente, exerci, em várias pequenas empresas, a atividade de consultor em Custos, Planejamento e Orçamentos. Diante dessa trajetória profissional, é necessário enfatizar que também considero que o estudo da Economia permitiu-me a *expertise* necessária para a atuação em outros campos profissionais.

Assim, ainda nos anos 1990, decidi continuar os meus estudos, pois entendia ser esse o caminho para a construção de conhecimentos que me proporcionariam um maior crescimento intelectual. Para tanto, ingressei no curso *lato sensu* em Economia, na Fundação Escola de Comércio Álvares Penteado (Fecap), uma vez que incluía, entre outras, a disciplina de Didática do Ensino Superior.

Esse curso estava amparado pela Resolução n.º 12/83 do Conselho Federal de Educação, habilitando os alunos ao exercício da docência no ensino superior. Após a conclusão do curso, fui convidado pelo diretor do Centro de Estudos Álvares Penteado a participar do processo seletivo para ingresso no Programa de Pós-Graduação em Controladoria e Contabilidade Estratégica – Mestrado acadêmico –, no qual fui aprovado.

Durante o transcorrer do curso de mestrado[4] tive a oportunidade de ministrar aulas em várias faculdades, nos cursos de Ciências Contábeis e Administração. Nessa atividade, alguns fatos intrigavam-me, por exemplo: a avaliação aplicada aos alunos permitia somente a verificação do conhecimento pontual, o que, a meu ver, não avaliava efetivamente a aprendizagem individual.

---

de *espera* frente aos atos não consumados; atitude de *reciprocidade* que impele à troca, que impele ao *diálogo*, com pares idênticos, com pares anônimos ou consigo mesmo; atitude de *humildade* frente à limitação do próprio saber; atitude de *perplexidade* frente a possibilidade de desvendar novos saberes; atitude de *desafio*, desafio frente ao novo, desafio em redimensionar o velho; atitude de *envolvimento e comprometimento* com os *projetos* e com as pessoas neles envolvidas; atitude, pois de *compromisso* em construir sempre da melhor forma possível; atitude de *responsabilidade*, mas, sobretudo, de alegria, de revelação, de encontro, enfim, de vida'" (p. 170). Ver FAZENDA, Ivani (org.). **Metodologia da pesquisa educacional**. 12. ed. São Paulo: Cortez, 2010. p. 161-179.

[4] A dissertação de mestrado apresentada ao Centro Universitário Álvares Penteado da Fundação Escola de Comércio Álvares Penteado (Fecap), 2002, teve como título: *um estudo sobre a controladoria na indústria de pequeno porte, no município de São Paulo.*

Além disso, pareceu-me insuficiente o envolvimento dos alunos com os livros, adicionado isso às suas deficiências em matemática e português, que não lhes permitiam atender às disciplinas correlatas, como Custos, Contabilidade Gerencial, Microeconomia, Macroeconomia. Tais disciplinas necessitam de reflexão e interpretação dos textos para desenvolver os respectivos cálculos e até mesmo para decodificar questões formuladas.

Após a conclusão do curso, meus questionamentos continuaram, como a real consciência do conjunto de educadores, da relevância do seu papel na formação de um profissional de mercado e de um cidadão, entre outros.

Esse fato levou-me a procurar o Programa de Mestrado em Educação como meio de aprofundar ainda mais os meus estudos. O intuito era desenvolver pesquisas que indicassem algum caminho em busca de respostas necessárias às minhas indagações.

Parte dos questionamentos foi respondida. No entanto, das reflexões decorrentes, surgiram questões que envolveram conceitos, que se tornaram categorias de análise, resultando em norteadores da presente obra, como: prática pedagógica inovadora, saberes docentes, currículo e inovação no curso de Ciências Econômicas. Essas categorias emergiram associadas a outras, que compõem o quadro de categorias e subcategorias de análise desta investigação, desenvolvidas no capítulo 1.

Todas essas e outras questões refletem as tramas relacionais entre a educação e a "contemporaneidade", como revela Feldmann (2003), ressaltando que tratar delas é "deparar-se com a complexidade, a ambiguidade e a diversidade". Isso denota, por sua vez, que neste momento histórico fazem-se necessários diversos e diferentes olhares e concepções, portanto diversas abordagens. A recomendação volta-se para as pessoas que querem, como eu, mesmo que de forma pontual e restrita, além de provocar modificações na educação, elaborar uma análise crítica das questões educacionais para, então, propor algumas considerações sobre o currículo do curso de Ciências Econômicas.

Entendo que a trajetória da minha formação acadêmica reforça a justificativa pessoal sobre o tema-título escolhido: um técnico de contabilidade, com graduação em Ciências Econômicas e pós-graduação em Economia de Mercado, e mestre em Controladoria e Contabilidade Estratégica, que não contente e satisfeito com o cenário da educação no Brasil, mas encantado por ele, teve o seu momento "charneira",[5] quando enveredou pelo caminho da educação, ingressando no Mestrado em Educação e, então, continuando na pesquisa de doutoramento em Educação: Currículo.

---
[5] Figura metafórica que demonstra movimento de uma nova articulação.

Além das questões de ordens pessoal, profissional e acadêmica, ressalto também a justificativa deste estudo do ponto de vista social, uma vez que não há como negar as inúmeras mudanças que se procedem na sociedade, muitas delas de forma abrupta, impactando cada vez mais o ser humano. Entende-se que tudo muda e, portanto, deve-se antever uma nova forma de trabalhar a formação do ser humano, em especial do economista, sob o ponto de vista da "interprofissionalidade", termo a ser oportunamente comentado. Outras mudanças ocorrerão, simultaneamente, como a modificação do papel, dos saberes, das competências e do conhecimento deste professor-economista no que concerne a novas formas de trabalhar o processo de aprendizagem, assim como novas formas de trabalhar o conhecimento que reverberam na constituição de um currículo possível de se inovar e renovar.

Em síntese, este estudo justifica-se tanto pela dimensão pessoal quanto profissional, sobretudo no que diz respeito à pertinência do tema de investigação, além de fatores relevantes de ordens científica, acadêmica e social. O seu enfoque circunscreve-se ao desenvolvimento de uma pesquisa direcionada ao curso de Ciências Econômicas, cuja finalidade é identificar e argumentar sobre os saberes e as competências do professor desse curso, e a inserção desses saberes e competências para contribuir para possível transformação do currículo.

Temos, assim, a seguinte questão problematizadora norteadora deste estudo: "Quais são as concepções dos professores sobre os saberes e as competências necessárias ao docente do curso de Ciências Econômicas e a inserção deles (saberes e competências) para a transformação do currículo?".

As respostas decorrentes desse questionamento constituíram as hipóteses, refletindo as principais fontes motivadoras deste estudo: a atuação do professor do curso de Ciências Econômicas teria, não raro, enfoque conteudista e as consequências dessas ações se refletiriam na realidade educativa. Por outro lado, as concepções desse professor demonstrariam competências e saberes ligados à concepção de uma prática pedagógica diferenciada, considerando, por exemplo, a pesquisa e a aprendizagem como consequências do ensino e da pesquisa, concepções e saberes possíveis de contribuírem para o currículo do curso.

Como objetivo geral, deseja-se identificar as contribuições possíveis para o currículo do curso de Ciências Econômicas, considerando-se concepções de seus docentes, suas práticas pedagógicas, seus saberes e suas competências. Os objetivos específicos desta pesquisa são contribuir para a reflexão do professor de Ciências Econômicas sobre a sua própria prática em busca de novas alternativas e apontar as possíveis alterações para a modificação do currículo do curso de Ciências Econômicas.

Para a consecução dos objetivos propostos, este livro encontra-se estruturado mediante os seguintes capítulos: no capítulo 1 é apresentada a metodologia de pesquisa; no capítulo 2 são apresentados os aspectos históricos e determinantes legais da área de Ciências Econômicas. Já no capítulo 3 é realizada uma reflexão sobre as competências e os saberes docentes. O capítulo 4 apresenta os dados coletados da pesquisa e o capítulo 5 reflete sobre esses dados a partir da contribuição teórica de especialistas da área.

Por fim, nas considerações finais são assinaladas algumas reflexões e respostas com base na retomada da questão central, das hipóteses e dos objetivos.

METODOLOGIA DA PESQUISA: CAMINHOS ESCOLHIDOS

Gatti (2006, p. 13-14)[6] observa com propriedade que o mais importante na atividade acadêmica, tanto no ensino como na pesquisa, é o "indagar, fazer questionamentos constantes, duvidar, refletir" e por fim, "fazer novas análises".

Comenta a pesquisadora que as pesquisas,

> [...] quando bem conduzidas, levam à compreensão de problemas desafiantes, lançando luzes sobre questões de fundo, não superficiais, nem imediatistas, permitindo a consolidação de ideias que podem incorporar-se às atividades relevantes no plano social da educação (Gatti, 2006, p. 13-14).

É com base nesse pressuposto que me envolvi na presente pesquisa. Assim, a proposta é a de que as ideias, como também os resultados encontrados, sejam possíveis de serem incluídos na prática pedagógica do professor e contribuam para possíveis mudanças curriculares. Chizzotti (2008, p. 24-25) nos lembra de que todo pesquisador abraça e idealiza um determinado

> [...] caminho de explicitação da realidade que investiga ou da descoberta que realiza, guiado por um modo de conhecer essa realidade e de explorá-la, porque tem ou urde uma concepção do que é a realidade que investiga. Deste modo, uma pesquisa pressupõe, implícita ou explicitamente, uma metodologia, os pressupostos epistemológicos e a concepção da realidade que a pesquisa assume, mesmo quando o autor a declare ou não, tenha clarividência dela ou não.

Assim, o pesquisador, tendo ou não a percepção total da realidade pesquisada, adota um caminho de explicitação de acordo com sua forma de conhecer e interpretar essa realidade. Portanto a pesquisa no campo das ciências humanas e sociais tende a ser enfocada entre as duas principais abordagens que são identificadas como quantitativa e qualitativa. Severino

---

[6] A professora Bernardete Angelina Gatti é pesquisadora da Fundação Carlos Chagas e docente do Programa de Pós-Graduação em Educação da Pontifícia Universidade Católica de São Paulo.

(2007, p. 119) nos adverte que quando nos referimos à pesquisa quantitativa ou qualitativa ou mesmo identificamos a metodologia como quantitativa ou qualitativa,

> [...] apesar da liberdade de linguagem consagrada pelo uso acadêmico, não se está referindo a uma modalidade de metodologia em particular. Daí ser preferível falar-se de abordagem quantitativa, de abordagem qualitativa, pois, com estas designações, cabe referir-se a conjuntos de metodologias, envolvendo, eventualmente, diversas referências epistemológicas. São várias metodologias de pesquisa que podem adotar uma abordagem qualitativa, modo de dizer que faz referência mais a seus fundamentos epistemológicos do que propriamente a especificidades metodológicas.

Elas seguem, portanto, os fundamentos e as práticas de pesquisas diferenciando "pressupostos teóricos, modos de abordar a realidade e meios de colher informações" (Chizzotti, 2008, p. 27).

Tomando por base essa concepção, a presente pesquisa orienta-se pela abordagem qualitativa e alguns subsídios da abordagem quantitativa, envolvendo as fases: exploratória; de limitação e do estudo; da coleta e da apresentação; da análise sistemática dos dados; do resultado da pesquisa e das possíveis contribuições deste estudo para o currículo do curso de Ciências Econômicas e para a prática do docente desse curso.

A investigação concretiza-se por meio da pesquisa bibliográfica, da análise documental e da pesquisa de campo. Entre os instrumentos preconizados, optei pela aplicação de questionários, com questões abertas e fechadas, enviados por e-mail, e a realização de entrevistas de aprofundamento, com roteiro semiestruturado, em conformidade com as exigências do Comitê de Ética em Pesquisa.

Chizzotti (2008, p. 28) traduz a pesquisa, com base na abordagem qualitativa, como sendo uma "partilha densa" com seres humanos, fatos e locais que fazem parte dos objetos da pesquisa, no sentido de se "extrair desse convívio os significados visíveis e latentes que somente são perceptíveis a uma atenção sensível". Após acurada a análise, o autor da pesquisa deverá relatar em um texto, com "perspicácia e competência científicas", cuidadosamente escrito, todos os significados do seu objeto de pesquisa.

Além da consideração do referencial teórico que permite o aprofundamento reflexivo das questões em pauta, com os respectivos autores pesquisados, foram utilizados questionários para se estabelecer o perfil psicossocial dos sujeitos e para proceder com o levantamento de alguns dados quantitativos, seguidos de entrevistas como meio de aprofundamento para permitir, segundo Lüdke e André (1986), uma maior visão das informações obtidas. Saliento, também, que a entrevista é uma das principais técnicas de trabalho nas pesquisas realizadas nas Ciências Sociais.

Para averiguar os métodos por meio dos quais levantei dados e desenvolvi este estudo, utilizei os parâmetros da pesquisa científica que, segundo Chizzotti (2008, p. 20) distingue-se pelo

> [...] esforço sistemático de – usando critérios claros, explícitos e estruturados, com teoria, método e linguagem adequada – explicar ou compreender os dados encontrados e, eventualmente, orientar a natureza ou as atividades humanas. A pesquisa pressupõe teorias ou visões de mundo que, em diferentes domínios do conhecimento, moldam a atividade investigativa e auxiliam a pesquisa. Essas teorias de trabalho têm sido definidas como paradigma, tradição, modelo, programa ou postura do pesquisador.

Mas essa sistematização não surgiu de modo repentino. Tanto a pesquisa como a ciência, como nos adverte Chizzotti (2008) cresceram e se desenvolveram, considerando um processo de investigações sistemáticas, com o intuito de explicitar a realidade dos fatos. Essas verificações, portanto, foram coletadas por meio de observações e recursos adequados para reunir dados de fundamentação de afirmações mais amplas. Foi um processo histórico e social, no qual se visualiza um esforço coletivo e permanente da humanidade para a construção de todas as dimensões da vida (Chizzotti, 2008).

Assim, a pesquisa adota todo saber acumulado da humanidade e afirma-se no empenho de continuar aprofundando análises e, como nos assegura Chizzotti (2008, p. 19), "fazer novas descobertas em favor da vida humana".

É necessário ressaltar o meu comprometimento quanto a escolha e uso de práticas, procedimentos e técnicas para o desenvolvimento desta atividade de pesquisa. Assim, destaco que ela tem como objetivo a resposta a uma problemática bem-definida, o que, por sua vez, contribui para a construção do conhecimento de uma determinada ou várias áreas.

Em um primeiro momento, com o intuito de contextualizar o cenário da pesquisa, fiz uma análise documental, no curso de Ciências Econômicas, do campo investigado, abrangendo o seu currículo atual, o Projeto Pedagógico da Universidade, o Projeto De Desenvolvimento Institucional e a Lei de Diretrizes e Bases da Educação.

Por sua vez, a pesquisa bibliográfica desenvolvida considerou as contribuições de autores como: Freire (2000, 2003), Sacristán (2007), Gómez (2007), Schön (2000), Morin (2002, 2003), Masetto (1997, 2003, 2010), Brito (2009, 2011), Feldmann (2003), Veiga (2007), entre outros. Cito, também, autores de sustentação metodológica, como Chizzotti (2008), Lüdke e André (1986), LaVille (2008), entre outros.

1.1 SUJEITOS

No que tange à pesquisa de campo, ela foi desenvolvida em uma universidade confessional na Grande São Paulo, na Faculdade de Administração, Economia e Ciências Contábeis, mais especificamente no curso de Ciências Econômicas, com a devida anuência do seu diretor e do respectivo coordenador do curso de Ciências Econômicas.

O curso congrega quatro turmas no período noturno, com um total de duzentos alunos. O corpo docente compreende 24 professores, sendo 9 graduados em Economia e, os outros 15 com formação diversa. Nesse conjunto, elegi parte dos sujeitos da nossa pesquisa, os quais, a partir deste momento, são nomeados como PE1, PE2 etc. aqueles com formação em Economia, e PX1, PX2 etc. os docentes com outra formação. Desse total, escolhi aleatoriamente 60%, o que significa um conjunto de 15 professores. Assim, o universo da pesquisa compõe-se da seguinte maneira: total de 9 professores graduados em Economia e escolhidos entre os que têm outras formações.

Com o intuito de trazer uma contribuição para esta pesquisa, foram entrevistados também dois estudiosos como referência: Prof. Dr. Ladislau Dowbor, da área de Economia, e Prof. Dr. Marcos Masetto, da área de Educação: Currículo.

O Quadro 1 reflete os sujeitos desta pesquisa e explicita a denominação atribuída a eles.

Quadro 1 – Sujeitos da pesquisa

N.º de ordem	Função	Denominação nesta pesquisa
01	Professor de Economia	PE1
02	Professor de Economia	PE2
03	Professor de Economia	PE3
04	Professor de Economia	PE4

N.º de ordem	Função	Denominação nesta pesquisa
05	Professor de Economia	PE5
01	Professor de formação diversa	PX1
02	Professor de formação diversa	PX2
03	Professor de formação diversa	PX3
04	Professor de formação diversa	PX4
05	Professor de formação diversa	PX5
06	Professor de formação diversa	PX6

Fonte: elaborado pelo autor

Os instrumentos escolhidos para a recolha de dados, como já citado, são os questionários enviados por e-mail, seguidos de uma etapa da realização de entrevistas de aprofundamento, com professores escolhidos. Todos os sujeitos foram devidamente informados e anuentes do Termo de Consentimento Livre e Esclarecido (TECLE)

Quadro 2 – TECLE – Termo de Consentimento Livre e Esclarecido

TERMO DE CONSENTIMENTO LIVRE E ESCLARECIDO PONTIFÍCIA UNIVERSIDADE CATÓLICA DE SÃO PAULO – PUC/SP
Programa de Pós-Graduação em Educação: Currículo

Título da pesquisa: *Um olhar sobre o curso de Ciências Econômicas: currículo e prática Docente.*

Pesquisador(a) responsável: Moses Benadiba.

Local da coleta de dados:

Prezado(a) Senhor(a):

Você está sendo convidado(a) a responder às perguntas deste questionário de forma totalmente voluntária.

Antes de concordar em participar desta pesquisa e responder este questionário, é muito importante que você compreenda as informações e instruções contidas neste documento. A pesquisadora deverá responder todas as suas dúvidas antes que você se decida a participar.

Você tem o direito de desistir de participar da pesquisa a qualquer momento, sem nenhuma penalidade e sem perder os benefícios aos quais tem direito.

> Objetivo do estudo: tese de doutoramento.
>
> Procedimentos: sua participação nesta pesquisa consistirá no preenchimento do questionário e participar da entrevista.
>
> Benefícios: o provável benefício será a reflexão sobre suas concepções e envolvimento como professor.
>
> Sigilo: as informações fornecidas por você serão confidenciais e de conhecimento apenas da pesquisadora responsável. Os sujeitos da pesquisa e instituição não serão identificados em nenhum momento, mesmo quando os resultados desta pesquisa forem divulgados de qualquer forma.
>
> São Paulo, de _____ de 2014.
>
> Assinatura do sujeito da pesquisa:
>
> _____
>
> (Nome e CPF)
>
> Testemunha: _____
>
> Testemunha: _____
>
> Contato do pesquisador: Moses Benadiba – tel.: (11) 99912-8689
>
> **COMITÊ DE ÉTICA DA PONTIFÍCIA UNIVERSIDADE CATÓLICA DE SÃO PAULO – PUC/SP**

Fonte: elaborado pelo autor

O questionário da pesquisa abrange: questões fechadas e abertas que buscam traçar o perfil psicossocial do professor e questões voltadas para a problemática do estudo (ensino superior/curso de Ciências Econômicas, currículo, prática pedagógica, currículo/inovação). O questionário foi aplicado aos professores sujeitos da pesquisa, indistintamente. Esse questionário, num primeiro momento, foi enviado via e-mail a cada um dos participantes. Dos respondentes do questionário foram selecionados, aleatoriamente, quatro professores para a entrevista de aprofundamento. Junto ao coordenador de curso e aos estudiosos, também foram realizadas entrevistas com a finalidade de formar base de discussão para as respostas dos professores. Os estudiosos constam como autores consultados.

Sublinha-se que o primeiro momento desta investigação efetivou-se a partir da apresentação da proposta de pesquisa elaborada à coordenadoria do curso de Ciências Econômicas da universidade pesquisada, cenário desta pesquisa.

Quadro 3 – Questionário da Pesquisa

Prezado Professor(a),
Sou aluno do curso de Doutorado da PUC-SP, do Programa de Pós-Graduação em Educação: Currículo. Estou desenvolvendo um trabalho de pesquisa que se intitula: "UM OLHAR SOBRE O CURSO DE CIÊNCIAS ECONÔMICAS: Currículo e Prática Docente", e gostaria de contar com sua colaboração. Para tanto, peço-lhe, por favor, que responda ao questionário em anexo, devolvendo-o até o dia 25 de setembro próximo. Caso concorde em participar deste trabalho de pesquisa, esclareço, desde já, que fica assegurado total anonimato dos pesquisados e de suas respostas, bem como fica resguardado o seu direito de desistência.   Desde já agradeço.   *Moses Benadiba*

Parte A	Perfil dos Sujeitos
1. Dados Pessoais	
	Sexo:
	Idade:
	Tempo na docência:
	Tempo no ensino superior:
	Tempo de coordenação de curso:
	Tempo na instituição atual:
	Observações:
2. Formação	
2.1. Ensino Superior	
	Curso:
	Instituição:
2.2. Cursos de pós-graduação	
()	Especialização concluída
()	Mestrado a concluir
()	Mestrado concluído
()	Doutorado a concluir

Parte A	Perfil dos Sujeitos
()	Doutorado concluído
()	Pós-Doutorado a concluir
()	Pós-Doutorado concluído
	Outros:
2.3. Instituição formadora	
	Especialização:
	Mestrado:
	Doutorado:
	Pós-doutorado:
	Outros:
3. Experiência profissional	
	Tempo na docência no ensino básico:
	Tempo na docência no ensino superior:
	Tempo no cargo de coordenador de curso:
	Tempo em outra atividade funcional:
	Tempo no mercado:
4. Disciplina(s) que leciona atualmente no:	
	Ensino superior:
	Graduação:
	Pós-graduação:
5. Você tem conhecimento das suas atribuições profissionais segundo o regimento/estatuto da sua IES?	
()	Sim
()	Não
()	Outro. Especificar:
	Observações:
6. Professor(a), além da profissão como docente, qual a sua experiência profissional em organizações ou como profissional liberal?	

Parte A	Perfil dos Sujeitos
7. Qual a recorrência de suas atividades de atualização e ou capacitação?	
8. Em termos de produção acadêmica, qual a assiduidade e o tema de seus trabalhos?	
9. Qual a sua disciplina no curso de Ciências Econômicas?	

Parte B	Questões voltadas à problemática e aos objetivos do estudo
• Ensino Superior/curso de Ciências Econômicas	
1. Professor(a), de acordo com seus estudos (ou experiência), quais são os saberes e as competências indispensáveis para um professor do ensino superior, no caso de Ciências Econômicas?	
• Currículo	
2. Qual a sua definição de currículo? O que o(a) professor(a) entende por um currículo inovador tomando-se por base o curso de Ciências Econômicas?	
3. O que o(a) professor(a) conhece sobre o currículo do curso? Dê a sua opinião sobre ele.	
4. O que o currículo do curso oferece de mais interessante e indispensável? Justifique.	

| Parte B | Questões voltadas à problemática e aos objetivos do estudo |

5. O que o currículo oferece e o(a) professor(a) considera desinteressante e/ou dispensável?

- Curso de Ciências Econômicas / Currículo

6. Considerando que a Resolução da Câmara de Educação Superior (CES) do Conselho Nacional de Educação (CNE) do Ministério da Educação, no parágrafo único do artigo 5º garante tão somente às "Instituições de Educação Superior a liberdade para utilizar [...] 50% da carga horária dos seus cursos segundo os seus projetos pedagógicos, paradigmas teóricos preferenciais e peculiaridades regionais", em sua opinião, qual seria a estrutura para esta carga horária? Ou qual a atividade?

- Currículo / Inovação

7. Como está o currículo em sua opinião. Ele precisa sofrer modificações em quê? Como? Quando?

8. Como se construiria um currículo capaz de atender às necessidades dos alunos e dos professores? Quais as dificuldades ou desafios deveriam ser enfrentados? Quais ou possibilidade?

- Prática Pedagógica

9. Como o(a) professor(a) trabalha a sua disciplina?

10. Quais as dificuldades enfrentadas?

11. O que facilitaria o seu trabalho?

Parte B	Questões voltadas à problemática e aos objetivos do estudo
12. Há ligação entre a sua disciplina e as outras do Projeto Pedagógico? Como é feita?	
13. O(A) professor(a) mostra a importância da sua disciplina para a vida do economista? Como?	
• Curso de Ciências Econômicas / Currículo / Inovação	
14. O(A) professor(a) conhece e gostaria de participar da elaboração do currículo do curso de Ciências Econômica? Que sugestões o(a) professor(a) ofereceria?	

Fonte: elaborado pelo autor

1.2 CENÁRIO

Este trabalho de campo foi desenvolvido no curso de Ciências Econômicas de uma universidade confessional da região da Grande São Paulo.

O curso de Ciências Econômicas foi implantado na instituição em 2001. Segundo o estatuto da universidade, sua missão é: participar efetivamente na formação de pessoas, exercendo poder de influência e contribuindo na melhoria de qualidade de vida baseada em conhecimento e valores éticos, proporcionando, durante o processo educativo, a construção de um modelo de educação para a toda a vida, pautado em ações efetivas presentes na comunidade aprendente, marcando a identidade institucional como comunitária e confessional.

O curso de Ciências Econômicas da instituição objetiva habilitar o aluno quanto aos conhecimentos necessários para o desenvolvimento de suas atividades como profissional de Economia. A formação proposta pretende ser ampla e a atividade profissional do economista exercita-se por estudos, pesquisas, análises, relatórios, pareceres, perícias, arbitragens, laudos, certificados ou quaisquer atos de natureza econômica ou financeira. Abrange, inclusive, o planejamento, a implantação, a orientação, a supervisão ou a assistência dos trabalhos relativos às atividades econômicas ou financeiras em empreendimentos públicos, privados ou mistos, tal como explico no próximo capítulo, quanto ao histórico e os determinantes legais do curso. Ainda, os caminhos metodológicos trilhados serão retomados no capítulo 4 deste livro.

CIÊNCIAS ECONÔMICAS: ASPECTOS HISTÓRICOS E DETERMINANTES LEGAIS

O presente capítulo contempla um breve histórico das Ciências Econômicas e avança em considerações a respeito dos desafios do economista, mais especificamente os meandros da construção do curso de Ciências Econômicas na realidade brasileira, incluindo os aspectos de ordens legal e pedagógicos, como o Projeto Político Pedagógico, o Projeto de Desenvolvimento Institucional e as questões relacionadas ao currículo.

Autores da área de Economia também são consultados, no sentido de embasar a presente pesquisa, uma vez que ela reflete o curso específico de Economia. Destacamos Dowbor e Sandroni, entre outros.

2.1 ASPECTOS HISTÓRICOS

Uma vez que este trabalho de pesquisa propõe-se a estudar, debater e refletir sobre a representatividade do curso de Ciências Econômicas para os campos educacional e profissional, primeiramente torna-se necessário e adequado que se conceitue, mesmo que resumidamente, o que se entende por Ciências Econômicas enquanto área do conhecimento e sua abrangência na realidade brasileira.

A Economia, num primeiro momento, é uma ciência e tem como proposta o estudo da atividade produtiva. Ela entende que as necessidades/os desejos humanos são ilimitados em contraposição aos recursos produtivos. Portanto preocupa-se também com o estudo da escassez, o que coloca a Economia em sua posição de tomadora de decisão quanto a: o que produzir, quanto produzir, como produzir e para quem produzir. Sandroni (2007, p. 271) identifica que a preocupação fundamental da Economia refere-se aos

> [...] aspectos mensuráveis da atividade produtiva, recorrendo para isso aos conhecimentos matemáticos, estatísticos e econométricos. De forma geral, esse estudo pode ter por objeto a unidade de produção (empresa), a unidade de consumo (família) ou então a atividade econômica de toda a sociedade.

Quando se refere a empresa e famílias, Sandroni está identificando os estudos da microeconomia; por outro lado, quando expõe que a atividade econômica é de toda a sociedade, assume os estudos da macroeconomia.

A palavra economia tem sua origem na Grécia Antiga, *oikonomia*, em que *oiko* tem como significado casa, propriedade, riqueza ou fortuna e *nomos*, como sendo regra, lei, organização ou até mesmo gestão. Portanto, para Costa (2014, p. 1), na "Grécia Antiga a economia era o ramo do conhecimento que cuidava da administração da comunidade doméstica, indo desde aspectos micro relacionados ao *oikos* até aspectos macro relacionados a *Pólis*" (cidade, campo ou território)

Portanto as primeiras citações de que se têm referência sobre Economia nos chegam da Grécia Antiga por meio dos pensadores Platão e Aristóteles. Eles contribuíram com reflexões sobre o comércio e a riqueza da época. Nesse período, a economia nada mais era do que um campo do conhecimento da Ciência Mãe, a Filosofia.

Já na Idade Média, em que as ideias predominavam em torno da Igreja Católica, que gerenciava o comércio entre os séculos XV e XVIII, surgiu a ideia do mercantilismo. Vários autores tiveram participação ativa nesses estudos de economia, como Antoine Montchrétien (1575-1621), Richard de Cantilon (1680-1734), François Quesnay (1694-1774), William Stanley Jevons (1835-1882), entre outros.

No entanto, o surgimento formal da Ciência Econômica atribui-se ao lançamento do livro *Um inquérito sobre a natureza e as causas das riquezas das nações*, do filósofo escocês Adam Smith (1723-1790), no ano de 1776. Nesse momento, estabelece-se a economia como ramo de conhecimento independente da Filosofia e da Ciência Política. Costa (2014, p. 2) assume que a formulação teoria de Smith tem o

> [...] reflexo de três progênies. Em primeiro lugar [...] o ambiente da Grã-Bretanha nos idos da Revolução Industrial. O segundo pilar estrutural de sua análise fundamenta-se no pensamento sociológico influenciado [...] pela doutrina do individualismo através do pensamento de Thomas Hobbes (1588-1679), John Locke (1632-1704), Anthony Ashley-Cooper, Terceiro Conde de Shaftesbury (1671-1713), Francis Hutcheson (1694-1746), Bernard Mandeville (1670-1733) e David Hume (1711-1776) e a terceira fonte de influência foi o iluminismo [...] pela concepção de "ordem natural" das coisas, importando a ideia de que o mundo é regido por "leis naturais como arquitetada por Isaak Newton (1643-1727) para as ciências naturais".

Assim, a sociedade passou de uma visão de um mundo teocêntrico para outra racional, a partir da influência dos iluministas, "transpondo leis comportamentais do mundo físico para o âmbito social" (Costa, 2014, p. 3). Entende-se, então, a Economia Política como disciplina que tinha uma preocupação com a lei natural teocêntrica que pressupunha a identificação de um princípio unificador que reduzisse todos os fenômenos da vida econômica a um sistema inteligível e coerente. Assim, nasce a economia (Costa, 2014).

2.1.1 As Ciências Econômicas no Brasil

A profissão do economista foi regulamentada no Brasil com a Lei Federal n.º 1.411, de 13 de agosto de 1951, que cria as primeiras definições de direitos, deveres e prerrogativas. A seguir, o Decreto n.º 31.794, de 17 de novembro de 1952, regulamenta o exercício da profissão.

Desse modo, observa-se que o ofício tem pouco mais de 60 anos de existência, ou seja, é relativamente recente. Há também um desconhecimento da profissão por parte da sociedade, que vê o economista como o profissional das crises, quando, na verdade, deveria ser considerado o profissional da prosperidade e do bem-estar social (Costa, 2014).

Apesar da visão distorcida de que os cursos de Economia hoje no Brasil são abstratos e teóricos, esses conteúdos proporcionam uma sólida formação teórica que permite um acompanhamento da conjuntura econômica, até mesmo em escala global, e uma correta interpretação dos mercados de interesse.

2.1.2 Evolução conceitual das Ciências Econômicas

De acordo com Sandroni (2007, p. 271), a Economia é entendida como sendo a Ciência Social que estuda a atividade produtiva. Ela dirige, assim, o seu olhar para o uso mais competente dos recursos naturais escassos dedicados à produção de bens. Por outro lado, preocupa-se com:

> [...] a) as possíveis "variações e combinações" dos fatores de produção: terra, capital físico (dinheiro, máquinas, prédios, entre outros), capital humano, trabalho e tecnologia;
> b) a distribuição de renda;
> c) a oferta e a procura;
> d) os preços das mercadorias.

Portanto, o principal foco das Ciências Econômicas volta-se aos aspectos mensuráveis da atividade produtiva. Para tanto, recorre aos conhecimentos matemáticos, estatísticos e econométricos. De modo geral,

> [...] esse estudo pode ter por objeto a unidade de produção (empresa), a unidade de consumo (família) ou então a atividade econômica de toda a sociedade. No primeiro caso, os estudos pertencem à microeconomia e, no segundo, à macroeconomia. [...]. Modernamente, de acordo com os objetivos teóricos ou práticos, a economia se divide em várias áreas: economia privada, pura, social, coletiva, livre, nacional, internacional, estatal, mista, agrícola, industrial etc. Ao mesmo tempo, o estudo da economia abrange numerosas escolas que se apoiam em proposições metodológicas comumente conflitantes entre si. Isso porque, ao contrário das ciências exatas, a economia não é desligada da concepção de mundo do investigador, cujos interesses e valores interferem, conscientemente ou não, em seu trabalho científico. Em decorrência disso, a economia não apresenta unidade nem mesmo quanto a seu objeto de trabalho, pois este depende da visão que o economista tem do processo produtivo (Sandroni, 2007, p. 271).

Ainda segundo Sandroni (2007, p. 339), a área das Ciências Econômicas relaciona-se também ao campo das Finanças. Assim exprime:

> [...] engloba os ramos de atividade e os processos relacionados com a gestão de recursos públicos, privados, dinheiro, crédito, títulos, ações e obrigações pertencentes ao Estado, às empresas e aos indivíduos. Refere-se ao sistema financeiro, que engloba os estabelecimentos financeiros e seus agentes: bancos centrais, bancos comerciais, bancos de desenvolvimento, de investimentos, instituições não bancárias de crédito (como, por exemplo, as associações de poupança e empréstimos), instituições cooperativas, sociedades de investimento, casas de câmbio, Bolsas de Valores, corretoras e agentes intermediários na colocação de valores.

2.2 DETERMINANTES LEGAIS

A profissão do economista está disciplinada pela Lei n.º 1.411, de 13 de agosto de 1951, alterada pelas leis n.º 6.021, de 3 de janeiro de 1964; n.º 6.537, de 19 de junho de 1978 e n.º 9.649, de 28 de maio de 1998 (art. 58), regulamentada pelo Decreto n.º 31.794, de 17 de novembro de 1952, e pelas resoluções dos conselhos de Economia que o definem.

Em 2002, por conta da aprovação da Lei de Diretrizes e Bases da Educação Nacional n.º 4.024/61 e da Lei da Reforma Universitária n.º 5.540/68, ambas preocupadas em incumbir um currículo mínimo para a graduação, estabelece-se o Parecer n.º 146/2002, que aprova as diretrizes curriculares nacionais do curso de Ciências Econômicas.

O documento afirma que o curso deve ensejar a formação do economista com sólida consciência social, capaz de enfrentar situações emergentes da sociedade politicamente organizada. Para isso, a resolução afirma que o bacharel da área deve apresentar um perfil centrado em uma consistente formação geral e domínio técnico dos estudos relacionados com a formação teórico-prática, cujos conteúdos direcionam-se à formação profissional propriamente dita, englobando tópicos de estudos mais avançados da Matemática, da Estatística, da Macroeconomia, da Microeconomia, da Econometria e no Desenvolvimento Socioeconômico, além de abordar questões práticas necessárias à preparação do graduando como técnico, que permitam a continuidade de estudos de pós-graduação, sedimentados por estágios e atividades complementares. Além disso, o curso deve proporcionar uma visão histórica do pensamento econômico aplicado à realidade brasileira e ao contexto mundial.

Em 2003, a CNE/CES n.º 67 estabelece as Diretrizes Curriculares Nacionais para o curso de graduação em Ciências Econômicas, de forma que possam refletir uma dinâmica que atenda aos diferentes perfis de desempenho a cada momento exigido pela sociedade, por meio de um curso que constitua a caixa de ressonância dessas efetivas demandas e de um profissional com fácil adaptação e suficiente autonomia intelectual e de conhecimento, para que se ajuste às necessidades emergentes.

Em 2004, a CNE n.º 0054/2004 constitui que o trabalho de curso deve ser entendido como um componente opcional no currículo e que caso as instituições optem por adotá-lo, poderiam desenvolvê-lo em diferentes modalidades.

Já em 2005, é aprovada a CNE/CES n.º 380/2005, que reconsidera o parecer de 2004, por não concordar com a perda do caráter obrigatório da apresentação da monografia, denominada Trabalho de Curso, por considerar que ela seja essencial para a capacitação do economista para que ele possa aplicar os conteúdos acadêmicos assimilados.

Finalmente, em 2006, a Resolução n.º 07, de 29 de março de 2006, institui as Diretrizes Curriculares Nacionais, abrangendo o perfil do formando, as competências, as habilidades e os conteúdos complementares, a duração do curso, do regime de oferta, atividades complementares, sistema de avaliação, estágio supervisionado em caráter opcional e o Trabalho de Curso como componente e obrigatório da instituição, sem prejuízo de outros aspectos que tornem consistente o Projeto Pedagógico.

Durante o XXI Congresso da Ange foi aberta uma discussão sobre as diretrizes da CNE/CES n.º 7/2006, propondo a CNE/CES n.º 0095/2007, que aborda a necessidade de o Projeto Pedagógico apresentar uma clara definição sobre a inclusão do Trabalho de Curso, pois anseia que deva ser feita uma explicação objetiva do que ele é.

Essa discussão institui a Resolução n.º 04, de 13 de julho de 2007, que estabelece o que o Trabalho de Curso deve compreender.

> [...] o ensino de Metodologia e Técnicas de Pesquisa em Economia e será realizado sob supervisão docente. Pode envolver projetos de atividades centrados em determinada área teórico-prática ou de formação profissional do Curso, que reúna e consolide as experiências em atividades complementares, em consonância com os conteúdos teóricos estudados. É desejável que tenha o formato final de uma Monografia, obedecendo às normas técnicas vigentes para efeito de publicação de trabalhos científicos, que verse sobre questões objetivas, baseando-se em bibliografia e dados secundários de fácil acesso (Brasil, 2014, p. 4).

Percebe-se que há uma grande preocupação da comunidade acadêmica e profissional dos economistas com relação ao desenvolvimento do Trabalho de Conclusão de Curso por considerá-lo essencial para que o aluno expresse, por meio dele, seu aprendizado do decorrer de sua graduação, tendo, assim, um contato com as normas técnicas vigentes para efeito de publicação de trabalhos científicos.

A Resolução n.º 4, de 13 de julho de 2007, instituiu as Diretrizes Curriculares Nacionais do curso de Graduação em Ciências Econômicas, bacharelado, e deu outras providências. Ela tem como escopo estabelecer o que os cursos de graduação em Ciências Econômicas devem contemplar, tanto em seus projetos pedagógicos como em sua organização curricular, os conteúdos que revelem as inter-relações com a realidade nacional e internacional, segundo uma perspectiva histórica e contextualizada dos diferentes fenômenos relacionados com a economia, utilizando tecnologias inovadoras e que atendam aos campos interligados de formação, como Psicologia, Ciências Administrativas, Ciências Contábeis, Engenharia entre outras.

Pensando nessa resolução, a instituição confessional pesquisada afirma em seu Projeto Pedagógico que está consciente dessa percepção e que por isso busca um currículo moderno não somente em sua concepção, mas também no que concerne à sua implementação efetiva, para que possa propiciar aos alunos uma sólida formação, tanto acadêmica como profissional, tendo em vista os desafios do economista para o século XXI. Esse currículo, cujas análises sintetizam-se em azul, encontra-se na Figura 1.

Figura 1 – Percurso de Aprendizagem – Ciências Econômicas

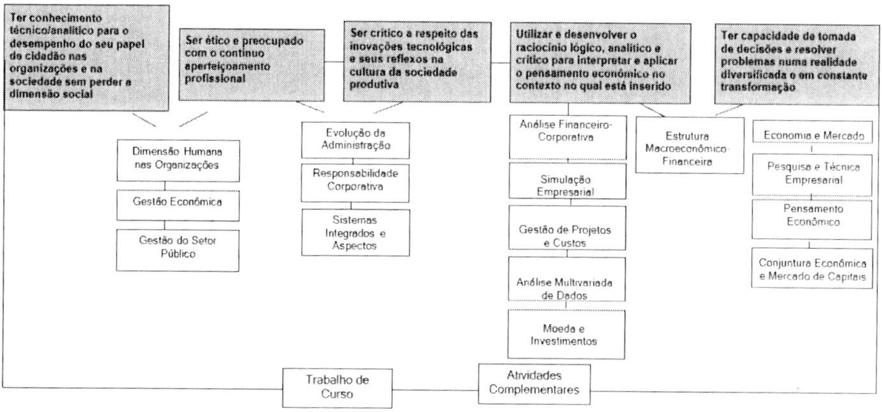

Fonte: Projeto Político Pedagógico do curso de Ciências Econômicas de 2009 da instituição pesquisada

2.3 OS DESAFIOS DO ECONOMISTA PARA O SÉCULO XXI

Assim, constata-se que o campo de formação do Economista é amplo e concentra-se, essencialmente, nas atividades de natureza econômico-financeira, cuja atuação no mercado de trabalho lhe permite ocupar múltiplas funções, tanto no setor público como no setor privado, devido à sua abrangência.

No rol das atividades exercidas por esse profissional destacam-se algumas como privativas do economista, as quais podem ser desenvolvidas na condição de profissional liberal ou não, como: elaboração da viabilidade econômica de projetos, economia de empresas, mercado financeiro, assessoria de projetos agroindustriais/agro*business*, desenvolvimento de projetos de infraestrutura, orientação em comércio exterior, elaboração de estudos mercadológicos, professor, perícia, arbitragem, setor público, análise de conjuntura econômica e pesquisas e, entidades. Assim, o campo de formação do economista, de seu professor e os currículos que os formam interpenetram-se.

Sublinha-se, ainda, que a condição de professor universitário é uma das atividades que o economista está apto a desenvolver, ministrando disciplinas da área econômico-financeira relativas à grade curricular do curso de graduação ou de pós-graduação em Ciências Econômicas.

O Conselho Regional de Economia de São Paulo (Corecon-SP) seleciona alguns pré-requisitos para esse docente:

- Ter curso superior de bacharel em Ciências Econômicas.
- Ser registrado no Corecon.
- Ter cursos de especialização e aperfeiçoamento.
- Ter afinidade com a especialidade escolhida.
- Ter desenvolvido o poder de expressão verbal e escrita, clareza e objetividade.

Além dos pré-requisitos apresentados pelo Corecon-SP, Benadiba (2007, p. 147) alerta para o fato de esse docente poder usufruir,

> [...] dentro das Universidades, mais especificamente, nas Faculdades de Educação, cursos *Lato Sensu* voltados para o Ensino Superior, a sua didática, a sua pedagogia e a utilização da pesquisa como uma ferramenta de ensino. Estes cursos devem ser abertos a todos os docentes, mestres, doutores, ou mesmo bacharéis que tenham a intencionalidade de seguir carreira docente no Ensino Superior. No entanto, creio que os cursos de Mestrado e Doutorado deverão continuar a ser feitos nas áreas afins, por uma questão de especialização.

Espera-se, portanto, que o docente do ensino superior tenha excelente nível de conhecimento da sua área, porém só isso não basta para a sua atuação de profissional do processo de ensino-aprendizagem. Masetto (2003, p. 27) ressalta que a docência em nível superior demanda um professor com domínio na área pedagógica e

> [...] em geral, esse é o ponto mais carente de nossos professores universitários, quando vamos falar em profissionalismo na docência. Seja porque nunca tiveram oportunidade de entrar em contato com essa área, seja porque veem-na como algo supérfluo ou desnecessário para sua atividade de ensino.

Por outro lado, o docente do ensino fundamental e médio, enfatizado por Demo (2005, p. 12), é aquele que estuda "uma vez na vida, amealha certo lote de conhecimento e, a seguir transmite aos alunos, dentro da didática reprodutiva e cada dia, mais desatualizada". No entanto o autor identifica que essa mesma representação também é parte dominante e até "avassaladora" na universidade, na qual

> [...] a grande maioria dos professores só ensina, seja porque não domina sofisticações técnicas da pesquisa, mas, sobretudo porque admite a cisão como algo dado. Fez "opção" pelo ensino, e passa a vida contando aos alunos o que aprendeu de outrem, imitando e reproduzindo subsidiariamente (Demo, 2005, p. 12-13).

Demo (2005, p. 17) não exagera quando afirma que o mais "degradante é o professor que nunca foi além da posição de discípulo porque não sabe elaborar ciência com as próprias mãos". Essa imagem, por sua vez, é repassada para o aluno, que assume a mesma posição. O autor reforça o seu parecer quando aponta que "ao invés do pacote didático e curricular", como instrumento de ensino e da aprendizagem, é necessário provocar uma situação de "criatividade, via pesquisa". Isso, sim, reflete ser a ação mais adequada para criar uma situação de construção de novas respostas para "novos problemas" (Demo, 2005, p. 56).

Assim, é importante perceber o que o autor aconselha-nos quando diz que "a única coisa que vale a pena aprender é criar". Esse novo olhar modifica o conceito do aprender; continua instigando-nos ao ressaltar que "o professor que apenas ensina, imbeciliza o aluno. Nunca foi deveras professor" (Demo, 2005, p. 56). Essas reflexões serão aprofundadas no próximo capítulo.

FORMAÇÃO DO PROFESSOR E CURRÍCULO: REFLEXÕES SOBRE COMPETÊNCIAS E SABERES DOCENTES

Este capítulo abrange a fundamentação teórica desta investigação por meio de contribuições da pesquisa bibliográfica. Assim, explicitam-se conceitos, princípios e pressupostos, via autores e suas respectivas obras: Freire (2000, 2003), Sacristán (2007), Gómez (2007), Schön (2000), Morin (2002, 2003), Masetto (1997, 2003, 2010), Brito (2009, 2011), Feldmann (2003), Veiga (2007) entre outros. Incluem-se, também, autores de sustentação metodológica, como Chizzotti (2008), Lüdke e André (1986), LaVille (2008).

Desse modo, destaco: currículo de ciências econômicas, currículo real, currículo ideal competências docentes, processo de ensino e aprendizagem, comunicação dialógica do professor, curso de ciências econômicas, formação pedagógica, formação profissional, pesquisa como princípio educativo, prática pedagógica no ensino superior, racionalidade técnica, racionalidade prática, saberes docentes, entre outros.

3.1 CURRÍCULO: ASPECTOS ENVOLVIDOS NA FORMAÇÃO DOCENTE

Acredito que a formação profissional nas diferentes áreas do saber, especificamente aquelas que sempre tiveram as suas disciplinas ministradas de forma a que a teoria estivesse desvinculada da prática, geraram profissionais também distantes da reflexão sobre a prática e, portanto, centrados fortemente nas questões teóricas.

Schön (2000) enfatiza que essa formação não torna possível o "desenvolvimento de profissionais criativos que consigam dar conta das atribuições e tarefas que devam exercer".

O autor ainda propõe que as "escolas superiores aprendam a partir das tradições divergentes de educação para a prática", isto é, a "instrução e aprendizagem através do fazer", assim como fazem os ateliês de arte, conservatórios de música e de dança, os treinadores de atletas e a aprendizagem das técnicas de artesanato. Assim, adentramos às questões relacionadas à racionalidade técnica. Para Schön (2000, p. 15), a racionalidade técnica é

> [...] uma epistemologia da prática derivada da filosofia positivista, construída nas próprias fundações da universidade moderna, dedicada à pesquisa (SHILS, 1978). A racionalidade técnica diz que os profissionais são aqueles que solucionam problemas instrumentais, selecionando os meios técnicos mais apropriados para propósitos específicos. Profissionais rigorosos solucionam problemas instrumentais claros, através da aplicação da teoria e da técnica derivadas de conhecimento sistemático, de preferência cientifico.

Em seguida, Schön (2000) identifica as profissões principais, referenciando Nathan Glazer (1974), e diz que se encontram "sob o espectro dessa visão, como exemplos de prática profissional": a medicina, o direito e a administração. Nesse rol de profissões incluem-se também a contabilidade e a economia, esta última escopo principal deste estudo. Do docente demanda-se, como adverte Mizukami (2002, p. 12),

> [...] que ele trabalhe com um conhecimento em elaboração, e não estável; que ele olhe a educação como "compromisso político, carregado de valores éticos e morais"; que considere o "desenvolvimento da pessoa e a colaboração entre iguais"; que seja "capaz de conviver com a mudança e com a incerteza".

Prossegue Mizukami (2002, p. 12), relatando que

> [...] aprender a ser professor [...] não é [...] tarefa que se conclua após estudos de um aparato de conteúdo e técnica de transmissão deles. É uma aprendizagem que deve se dar por meio de situações práticas que sejam efetivamente problemáticas, o que exige o desenvolvimento de uma prática reflexiva competente. Exige ainda que, além de conhecimentos, sejam trabalhadas atitudes, as quais são consideradas tão importantes quanto os conhecimentos.

Portanto esse modelo de racionalidade técnica já não contempla mais a formação dos professores. Assim, aquela assumida como racionalidade prática é muito mais capaz frente a uma situação como a exposta. Em outras palavras, a autora realça que a formação de professores deve efetivar-se com situações problematizadoras vividas na pratica. Isso permitirá ao professor o cultivo de uma eficaz prática reflexiva. Em suas palavras, ela enfatiza que as atitudes devem ser aprimoradas tanto quanto o próprio conhecimento.

Segundo Zabalza (2007, p. 169), o desafio da formação de docentes universitários e dos professores em geral

> [...] é ter uma orientação distinta para sua função, é transformá-los em profissionais da aprendizagem, em vez de especialistas que conhecem bem um tema e sabem explicá-lo, deixando a tarefa de aprender como função exclusiva do aluno, o qual terá de esforçar-se muito até conseguir assimilar, de fato, o que o professor lhe ensinou.

Portanto a formação docente agrega três ingredientes principais: o conhecimento, a sua aplicação no mercado e o ato reflexivo sobre as atitudes pela vivência de situações complexas. E a este último item pode-se agregar a sua transformação em "profissional da aprendizagem". Isso, de alguma forma, deve ser parte integrante do currículo.

O currículo envolve, portanto, sob o nosso ponto de vista, um conjunto de tarefas a serem executadas para um determinado fim. Como economistas, somos tentados a considerá-lo de forma análoga, mas não idêntica, na perspectiva de um planejamento estratégico, em que são inseridos todos os objetivos gerais e específicos para alcançar as metas. Nele são refletidos os valores, a missão e a visão da organização, no caso a escola, para poder identificar como as metas serão atingidas. E, por fim, sinalizar o que deve ser alcançado. Devemos entender que todos os resultados reais de uma organização são comparados com os projetados no planejamento estratégico. Estendendo essa analogia para uma instituição escolar, consideramos também os objetivos de avaliação dos respectivos gestores em suas tomadas de decisão, considerando poder identificar os pontos fracos e fortes, poder incentivá-los a se renovarem continuamente e poder proporcionar o devido reconhecimento.

Tais quesitos aplicados a um determinado contexto visam seguir o objetivo principal do planejamento estratégico, ou seja, alcançar, entre outros, a saúde financeira e a ética da organização, e permitir que seus gestores também se desenvolvam enquanto profissionais e enquanto pessoas.

Muitas vezes, os gestores acabam por ter uma superficial visão do que seja planejamento estratégico. Esquecem-se que os alunos também são sujeitos do processo de ensino-aprendizagem, afinal o currículo não é algo estanque, ele tem um contexto amplo em que os estudantes têm seu papel no processo e são contemplados com os objetivos gerais e específicos do currículo e expostos às devidas avaliações como meio de se verificar o nível de aprendizagem conseguido, sublinhando-se os aspectos de avaliação emancipatória[7] condizente com questões de diversas ordens, tanto pessoais quanto contextuais.

Ao atribuirmos relevância ao currículo, ressaltamos que é a partir dele que o professor, também sujeito e ator do processo ensino-aprendizagem, estabelece, além dos conteúdos, elementos para promover o desenvolvimento de aspectos pessoais, cognitivos e afetivos, entre outros, ao considerá-lo no processo relacional com os alunos. O propósito é de que, ao final de cada disciplina ou de cada atividade pedagógica desenvolvida, os alunos percebam como essa disciplina e/ou atividade relaciona-se com as demais disciplinas e/ou atividades do curso, e também como deverá ser utilizada na profissão escolhida. Assim, formamos o profissional-cidadão, voltado não somente para o mercado, mas, sobretudo, para a vida.

Nossa visão de currículo, num passado não muito distante, era um tanto cartesiana. Talvez porque estivéssemos nos debruçando sobre ele com um olhar inocente, isto é, observando-o como um ingênuo planejamento de aulas, um elenco de conteúdos oferecido ao professor, para que ele, por sua vez, meramente os trabalhasse com os alunos. Visão não raro compartilhada, acredito, por muitos colegas.

Sacristán e Gómez (2007, p. 13) revelam que o conceito de currículo é muito recente entre nós e mesmo alguns dicionários não o definem com seu sentido pedagógico.[8] Ele lembra (2007, p. 125) que a palavra currículo deriva da palavra latina *currere*, "que se refere à carreira, a um percurso que deve ser realizado […]".

Na obra *Compreender e transformar o ensino*, Sacristán e Gómez (2007, p. 125) ressaltam que "a escolaridade é um percurso para os alunos/as, e o Currículo é seu recheio, seu conteúdo, o guia de seu progresso pela escolaridade". Ainda, que o uso do conteúdo do termo remonte à Grécia de Platão e Aristóteles, quando a escolarização torna-se uma atividade de

---

[7] Para Saul (2000, p. 61), a avaliação emancipatória se caracteriza como um "processo de descrição, análise e crítica de uma dada realidade, visando transformá-la. […] Ela está situada numa vertente político-pedagógica cujo interesse primordial é emancipador, ou seja, libertador, visando provocar a crítica, de modo a libertar o sujeito de condicionamentos deterministas. O compromisso principal dessa avaliação é o de fazer com que as pessoas direta ou indiretamente envolvidas em uma ação educacional escrevam a sua 'própria história' e gerem as suas próprias alternativas de ação".
[8] Realmente, o *Dicionário da Língua Portuguesa* – Novo Aurélio – Século XXI, conceitua currículo como: "(Do lat. *Curriculu*) S.m. 1. Ato de correr. 2. Atalho, corte. 3. *Bras*. Parte de um Curso literário. 4. *Bras. P. ext.* As matérias constantes de um Curso". Note que somente no quarto e último item é que aparece como brasileirismo por extensão a expressão: "As matérias constantes de um Curso".

massas (Hamilton; Gibson, 1980 *apud* Goodson, 1989, p. 13), que necessita estruturar-se em passagens e níveis; e aparece como problema a ser resolvido por necessidades organizativas, de gestão e de controle do sistema educativo, ao necessitar uma ordem e uma sequência na escolarização (Sacristán; Gomez, 2007, p. 125).

Um sistema escolar complexo, frequentado por muitos alunos/as, deve organizar-se e, servindo a interesses sociais com consequências tão decisivas, tende a ser controlado inevitavelmente. Implica, pois, a ideia de regular e controlar a distribuição do conhecimento. E além de expressar os conteúdos do ensino – o que é e, por isso mesmo, o que não é objeto de ensino –, estabelece a ordem de sua distribuição. É óbvio que há certa capacidade "reguladora da prática", desempenhando o papel de "espécie de partitura" interpretável, flexível, mas de qualquer forma, determinante da ação educativa (Sacristán, 2007, p. 125).

A Figura 2 mostra, de acordo com Sacristán e Gomez (2007, p. 139), não só a complexidade do currículo, como também nos induz a refletir sobre ele enquanto processo.

Figura 2 – O currículo como processo

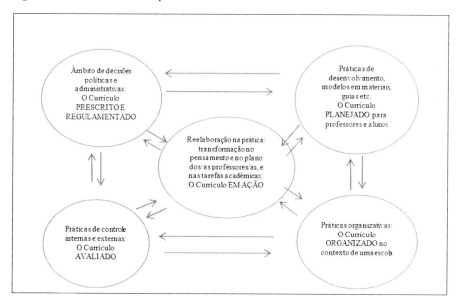

Fonte: Sacristán e Gómez (2007, p. 139), adaptada pelo autor

Ao questionarmos a existência de uma definição única e abrangente de currículo, recorremos novamente a Sacristán (2007, p. 147) uma vez que em seus estudos enfatiza a dificuldade de se apresentar um conceito adequado do que seja currículo e de que este seja aceito por muitos. Para tanto, o autor recorre a um conjunto de conceitos, identificando seus respectivos autores que, sob determinada ótica, trataram dessa questão, como segue.

> [...] currículo é uma série estruturada de objetivos pretendidos de aprendizagem. O Currículo é o que prescreve de forma antecipada os resultados da instrução. Não trata de prescrever os meios, isto é, as atividades, os materiais ou inclusive o conteúdo que se deve lecionar para obtê-los. Ao tratar dos resultados a serem alcançados, refere-se aos *fins*, mas em termos de produtos de aprendizagem, e não em nível mais geral e amplo. Em suma, o Currículo indica *o que* é o que se deve aprender, e não o *porquê* de ser aprendido (Johnson, 1981, p. 73 *apud* Sacristán; Gomez, 2007, p. 147).

> [...] o Currículo é uma tentativa para comunicar os princípios e traços essenciais de um propósito educativo, de tal forma que permaneça aberto à discussão crítica e possa ser transferido efetivamente para a prática (Stenhouse, 1984, p. 29 *apud* Sacristán; Gomez, 2007, p. 147).

> [...] O Currículo é um conceito que se refere a uma realidade que expressa, por um lado, o problema das relações entre a teoria e a prática, e, por outro, o das relações entre a educação e a sociedade (Kemmis, 1988, p. 30 *apud* Sacristán; Gomez, 2007, p. 148).

Em outras palavras, existe a preocupação de Johnson – e com razão – sobre o fato de o currículo recomendar "*o que* é o que se deve aprender, e não o *porquê* de ser aprendido". Stenhouse revela-o como uma tentativa de repasse do processo educativo, de maneira a conservar-se aberto à discussão crítica, para ser depois transferido efetivamente para a prática.

Por outro lado, para Kemmis (1988), o conceito de currículo reflete duas realidades: de um lado, as relações entre a teoria e a prática, e do outro, as relações entre a educação e a sociedade. Eggleston (1980, p. 25), por sua vez, sugere-o como interessado na exposição de conhecimentos dentro da escola. A pauta de experiências a que se refere o autor "responde à ideia que a sociedade tem da essência, da distribuição e da acessibilidade do conhecimento e está, portanto, sujeita à mudança" (*apud* Sacristán; Gomez, 2007, p. 148).

Uma vez considerados tais conceitos, Sacristán e Gómez (2007, p. 148) acrescentam, ainda, que o mais relevante é atender, em qualquer um deles, os seguintes itens:

> *Primeiro*: o estudo do Currículo deve servir para oferecer uma visão da cultura que se dá nas escolas, em sua dimensão oculta e manifesta, levando em conta as condições em que se desenvolve;
> *Segundo*: trata-se de um projeto que só pode ser entendido como um processo historicamente condicionado, pertencente a uma sociedade, selecionado de acordo com as forças dominantes nela, mas não apenas com capacidade de reproduzir, mas também de incidir nessa mesma sociedade;
> *Terceiro*: o Currículo é um campo no qual interagem ideias e práticas reciprocamente;
> *Quarto*: como projeto cultural elaborado, condiciona a profissionalização do docente e é preciso vê-lo como uma pauta com diferente grau de flexibilidade para que os professores / as intervenham nele.

Já Masetto (2003, p. 65) identifica o currículo como sendo o coração do Projeto Pedagógico. Ele ressalta que até algum tempo atrás, o currículo foi tomado como grade curricular. Em outras palavras, uma distribuição das disciplinas para a composição da carga horária do professor. Segundo seu ponto de vista, na vida docente, a primeira ideia de Currículo reflete um

> [...] conjunto de disciplinas que transmitem os conhecimentos necessários para a formação de um profissional, disciplinas estas que estão justapostas por semestres ou por anos e cujos créditos obtidos permitirão a formatura dos profissionais (Masetto, 2003, p. 66).

Esse rol de disciplinas trabalhadas com os alunos permite a aquisição de conhecimentos indispensáveis para as formações pessoal e profissional. Em sua análise, Masetto (2003) ainda aponta o aluno, após cursar as disciplinas do curso, como alguém que deverá elaborar uma síntese de todos esses conhecimentos para poder desempenhar com competência sua profissão. Não ocorrendo o que possivelmente vai acontecer, o aluno concluirá o seu curso superior com conhecimento totalmente fragmentado por disciplinas que, a muito custo, deverá ser integrado durante o exercício de sua profissão. (Masetto, 2003).

Uma forma de atenuar esse impasse efetiva-se por meio da utilização do currículo oculto, que Masetto (2003, p. 66) identifica como sendo aquele que o docente faz acontecer em sala de aula e que na maioria das vezes nunca está de acordo com o prescrito, com o formal, com o que está documentado na secretaria. Masetto (2003, p. 66-67) diz ainda que

> [...] são os conhecimentos atuais e emergentes que surgem, habilidades que os alunos desenvolvem conosco em sala de aula, valores que são discutidos e não estão nos nossos currículos colocados explicitamente. Como aparecem esses pontos de aprendizagem? Alguns professores relatam que, conforme avança a aula, esses aspectos vão surgindo e exigindo ser tratados, independentemente de estarem ou não expressos no Currículo. O professor não tem um planejamento intencional para aquelas atividades, mas as realiza quando surgem e lhe parecem interessantes.

A relevância do currículo define-se pelo papel que ele representa tanto para o aluno quanto para o professor. Em verdade, o desenho curricular apresentado pelo professor no primeiro dia de aula será uma referência para o aluno e para a sociedade, refletindo todos os temas, assuntos, saberes e conteúdos que foram trabalhados durante toda a vida escolar. Portanto é possível associá-lo com o documento de identidade, conforme explicitado por Silva (2010).

Na obra *Documentos de identidade: uma introdução às teorias do currículo* (2010, p. 11), o autor permite-se improvisar uma série de questionamentos:

> O que é uma teoria do Currículo? Quando se pode dizer que se tem uma teoria do Currículo? Onde começa e como se desenvolve a história das teorias do Currículo? O que distingue uma teoria do Currículo da teoria educacional mais ampla? Quais são as principais teorias do Currículo? O que distingue as teorias tradicionais das teorias críticas do Currículo? E o que distingue as teorias críticas do Currículo das teorias pós-críticas?

De posse dessas questões, Silva discute a "noção de teoria" para compará-la com a noção de "discurso". Ele ressalta que a teoria "descobre e descreve" um determinado objeto que tem uma "existência" totalmente livre da mesma teoria. Em contraposição à teoria, o discurso faz a produção do seu objeto e o descreve, independentemente da sua "existência".

O currículo não deve e não pode ser visto com "a mesma inocência de antes", ressalta Silva (2010, p. 150):

> O Currículo tem significados que vão muito além daqueles aos quais as teorias tradicionais nos confinaram. O Currículo é lugar, espaço, território. O Currículo é relação de poder. O Currículo é trajetória, viagem, percurso. O Currículo é autobiografia, nossa vida, *curriculum vitae*: no Currículo se forja nossa identidade. O Currículo é texto, discurso, documento. O Currículo é documento de identidade.

Proponho uma reflexão, talvez uma provocação, sob uma perspectiva econômica a respeito, a de que se atreve a afirmar que hoje temos um Currículo totalmente centrado na formação de um ser que produza e consuma de tal forma a permitir o crescimento acelerado da Economia, que se reflete nos altos ganhos de uma parcela da sociedade. Compreendo, portanto, o conceito de Economia como sendo o sangue de uma sociedade e tudo que nela influi, segundo proposto por Dowbor (2002, p. 39), e completo: e dela tudo parece fluir.

Por outro lado, a nosso ver, Pedro Demo, em sua obra *Metodologia para quem quer aprender* (2008)[9], apresenta um formato de como elaborar o nosso currículo individual. Acredito que esse seja, na realidade, o propósito atual. Cabe a nós assumir o desafio de entendê-lo, refletir sobre ele e inseri-lo na nossa prática docente. Talvez devêssemos trabalhá-lo em sala de aula, com o intuito de consentir que nossos alunos assumam seu próprio currículo.

Sob outra perspectiva, entendo que a posição dos jovens em relação ao currículo escolar é a de uma via de mão dupla: o currículo oferece algo ao jovem e ele, por sua vez, oferece algo para o currículo.

No ensino superior, o currículo é um projeto colegiado, uma produção elaborada por intermédio de várias mãos: o Estado via legislação, a sociedade via instituição de ensino e a sociedade via professores e alunos. O intuito é que todos esses agentes/atores sociais sejam beneficiados por esse "currículo construído", em que o formando receba um diploma que seja o reflexo do currículo vivenciado; para o professor, o desenho curricular – antiga grade curricular – não deve ser uma prisão, uma camisa de força, mas um referencial; a escola se beneficie, como espaço onde se desenvolvem

---

[9] Nesta obra, o autor ressalta que: "quando estudar é assistir à aulas trata-se de evitar o estudo, porque basta escutar o professor, tomar nota e fazer prova. Estudar entra aí apenas como memorização. Não é aquele estudar que torna alguém autor de ideias próprias. Gostaria de salvar esta ideia. Meu motivo maior é que, trabalhando há décadas com professores básicos, vejo-os distantes do estudo, razão pela qual também não conseguem fazer seus alunos estudarem. Não por culpa. Mas porque foram (de) formados por professores que não estudavam. Não eram autores. Por isso, não forjaram docentes autores, mas reprodutores de ideias alheias. [...] O Brasil precisa estudar!". Ver DEMO, Pedro. **Metodologia para quem quer aprender**. São Paulo: Atlas, 2008.

as atividades de ensino-aprendizagem; e, por fim, a própria sociedade se favoreça recebendo este profissional-cidadão.

Assim, é importante que seja reiterado, e que nessa perspectiva entenda-se que o currículo, enquanto desenho curricular, oferece, tanto para o aluno quanto para o professor, para a escola e para a sociedade, uma identificação.

O diploma, por si só, não oferece a certeza de uma identificação ao formando. Esta somente será alicerçada a partir da condição em que o conhecimento for absorvido, assimilado por meio da aprendizagem, sobretudo, se significativa para esse aluno, o que redundará em real mudança comportamental e de atitude.

3.2 PROCESSOS DE ENSINO E APRENDIZAGEM

Neste momento, o intuito é elucidar o que entendo por aprendizagem e sua relevância, e questões fundamentais relacionadas à prática docente no desenvolvimento do processo de ensino-aprendizagem.

O verbete *aprendizagem* significa *aprendizado*, que, por sua vez, reflete o "ato ou efeito de aprender". A palavra **aprendizado** é derivada do latim *apprehendere*, que significa "agarrar", "tomar posse de". Em sentido simbólico, podemos interpretar o verbete **aprendizagem** como sendo "agarrar com a mente".

Demo (2008, p. 15) ratifica que não se aprende sem estudar. Entendemos o "estudar" como um processo que se principia com uma atividade de leitura seguida de uma reflexão, que inclui todo o conhecimento prévio do ser humano. No entanto,

> [...] entre nós, aprender coincide com ter aula, e assim está exarado na LDB, quando se estatuíram os 200 dias letivos.[10] Confundiu-se, apressadamente, aula com aprendizagem, reproduzindo um dos estereótipos mais triviais da organização escolar e universitária, não só no professor, mas igualmente nos pais: estes medem a aprendizagem de seus filhos pelas aulas e se irritam quando, por alguma razão, não há aula. Estamos agora introduzindo o nono ano no ensino fundamental, sob a mesma alegação: se os alunos tiverem mais aulas, vão aprender mais.

---

[10] "A LDB fala de 'duzentos dias de efetivo trabalho escolar' (art. 24, I), termo que admitiria outras interpretações para além de apenas 'aula'. Mas, na "mente" dos membros dos Conselhos de Educação (Nacional, Estaduais e Municipais), a tendência é sempre entender como aula" (Demo, 2008, p. 15).

E desde já acreditamos que essa alegação não tem nenhuma sustentação, pois, como nos adverte Demo (2008), agora temos duzentos dias letivos e, portanto, aulas não faltam. Na verdade, o que podemos identificar é a falta de aprendizagem (Demo, 2008). O autor sugere que múltiplos fatores "de fora da escola" influenciam o processo do aprender, especialmente "a condição de pobreza extrema de muitos alunos", o "desinteresse da família" e as "políticas educacionais" (Demo, 2008, p. 17-18).

Corroboro o pensamento do autor quando ele menciona que "na maior pobreza", o aluno pode estar na "4ª série e não saber quase nada" mesmo tendo duzentos dias de aula (Demo, 2008, p. 18). Isso porque acredito que nessa condição humana, tanto a motivação quanto a vontade de aprender devem ser baixas, sem considerar importante fator refletido no desinteresse da própria família em estimular os seus filhos.

Apesar da pesquisa de Demo (2008) ter se baseado em alunos do ensino fundamental e do ensino médio, todos esses fatores apresentados são carregados por uma grande maioria de alunos até a Universidade, e por vezes, ultrapassando os limites dela. Tais fatores-problemas são percebidos e apontados por nós, professores do ensino superior. Para Demo (2008, p. 18), "[...] o conceito de aula é procedimento *auxiliar* da aprendizagem. Não leva necessariamente à aprendizagem. Crucial é aumentar o *estudo*. Não as aulas".

Os dados, segundo o autor (Demo, 2008, p. 18), mostram que as aulas "não produzem aprendizagem". No entanto o professor dificilmente convence-se disso. Ele (Demo, 2008, p. 18) acredita piamente que o aluno necessita delas "como oxigênio para sua vida". Mas é necessário entender a aula como um veículo por meio do qual nós, professores, relacionamo-nos com os alunos de forma a incentivá-los, num sentido de dentro para fora, permitindo-lhes observar a importância do estudar. A aula, assim, é o espaço no qual contamos com a possibilidade de agir por meio de atividades cada vez mais participativas, permitindo torná-lo um ambiente de aprendizagem.

A esta altura, acredito que se faça necessário entender que estamos tratando de alunos na condição de sujeitos e autores. Por isso Demo (2008) aponta-nos duas atividades fundamentais nesse processo: a pesquisa e a elaboração própria.

3.2.1 Pesquisa como princípio educativo

A pesquisa como princípio educativo é um instrumento de estudo para o professor e para o aluno, de acumulação e, principalmente, de produção de conhecimentos. Por essa razão, Demo (2005, p. 44) ressalta que "não faz sentido dizer que o pesquisador surge na pós-graduação, quando pela primeira vez na vida, dialoga com a realidade e escreve trabalho científico". Assim, o autor reforça que o ser humano deve ser incentivado a utilizar esse instrumento de estudo desde a mais tenra idade, ou seja, a começar no "pré-escolar, a pesquisa como princípio científico e educativo" (Demo, 2005, p. 116). Com base nessa perspectiva, o autor considera que, dessa maneira, os docentes devam obter melhor resposta em termos de qualidade de ensino, uma vez que a "educação criativa começa na e vive da pesquisa, desde o primeiro dia de vida da criança" (Demo, 2005, p. 44).

Em Furlani (1998, p. 169) encontramos ressonância com relação a essa questão, quando a autora afirma que o nosso sistema de ensino, "distorcidamente", permite tão somente à pós-graduação a "tarefa de desenvolver no aluno a construção de conhecimentos através da pesquisa".

Demo (2003, p. 116), ao citar Saviani, destaca que "embora seja absurdo aceitar que pesquisa é coisa de pós-graduação, pelo menos existe o consenso de que, a essas alturas, é imperativo o uso da pesquisa".

O docente, independentemente do nível no qual atue, deve ser aquele que incentiva o aluno na construção do seu conhecimento. Retomando Furlani (1998, p. 169), assim, "em sala de aula, o primeiro tema da pesquisa do professor é o aluno, seu perfil". E a autora qualifica o professor como sendo o profissional que

> [...] não pode ser improvisado, devendo ser compromissado com seu ofício, desafiando e estimulando a inteligência de seus alunos. E acreditando que eles podem aprender, propondo aulas que sejam convite ao diálogo e sugerindo outras atividades, em que os alunos possam retomar os temas tratados, reelaborando-os (Furlani, 1998, p. 169).

Esta pesquisa induz planejar o momento da aula de forma diferenciada, pois isso sugere "outro tipo de dedicação, participação, presença ativa, tarefa individual e coletiva". Assim, o autor elucida esse momento com um exemplo, em que

> [...] uma contra leitura exige tempo para se poder chegar ao aprofundamento previsto, encontrando no fim o processo de elaboração própria; este tipo de elaboração carece de

clima, ambiente, apoios, estímulos, que implicam etapas de maturação, idas e vindas, questionamentos de toda sorte, calma para escrever e discutir (Demo, 2003, p. 35).

Reportando ao atual conceito de currículo, não raro assumido, lembro que ele encerra "o tratamento do aluno como consumidor quando, na verdade, ele deveria ser o verdadeiro 'artista'" (Demo, 2003, p. 35). Em outras palavras, na maioria das vezes o aluno é tratado como alguém a quem se presta serviços, portanto alguém que deve pagar por esse serviço. Ou seja, ele é um consumidor. No entanto ele deve ser o centro das atenções, o "artista", um personagem ao qual se deve oferecer atenção, constatar as suas necessidades, com a finalidade fundamental de ele alcançar um excelente desempenho não só durante a sua estada na universidade, mas, principalmente, na sua atuação como profissional-cidadão.

Reforçando ainda mais a importância da pesquisa enquanto princípio educativo, destaco algumas questões a ela atreladas, segundo Benadiba (2007, p. 92). Sendo assim, a pesquisa

> [...] pode ser explicitada como sendo um conjunto de ações, que surge da curiosidade do ser humano. Ela se destaca por uma coleta de dados ou informações sobre um determinado assunto, que, num próximo passo, serão comparados entre si, analisando-se o resultado deste confronto. Deve-se ressaltar que é necessário fazer-se esta análise à luz das teorias existentes sobre o assunto. O resultado da pesquisa pode ou não corroborar as hipóteses levantadas pelo investigador, identificando, assim, o surgimento de um novo conhecimento, ou mesmo, novos dados ou informações para a elaboração de uma nova pesquisa.

Com o intuito de permitir uma reflexão crítica sobre pesquisa e aprendizagem, a seguir elenco os pontos básicos de uma "aprendizagem adequada", segundo Demo (2008, p. 21-23):

> a) aprendizagem supõe inevitavelmente *autoria*; através dela deixamos de reproduzir para reconstruir; lemos autores para nos tornarmos autores;
> b) aprendizagem exige *pesquisa*, como atividade autopoiética de reconstrução própria do conhecimento disponível ou novo; conhecimento não se transmite, copia, mas se reconstrói, interpreta;

c) aprendizagem pede *elaboração* constante de textos, através dos quais exercitamos a autoria e a correspondente autonomia; elaboração é indicativo forte do saber pensar, à medida que estruturamos as ideias sob a égide do sujeito;

d) aprendizagem reclama *leitura sistemática*, tanto para acompanhar a evolução da discussão, quanto para ter ideias pertinentes a serem reconstruídas; quem lê bem possui referencias, apoios, contraposições;

e) aprendizagem se expressa na arte de *argumentar* e contra-argumentar, com base na autoridade do argumento; desfaz-se do argumento de autoridade que, propriamente, não é argumento nenhum; sabe montar o seu discurso próprio com suficiente qualidade intrínseca, por conta da reconstrução inteligente e arguta do conhecimento;

f) aprendizagem aparece na habilidade de *fundamentar* o que se diz, mantendo a percepção de que nada se diz em última instância peremptória; o fundamento maior é a autocrítica, porque preserva o olhar socrático do saber limitado que sempre se renova; a crítica é essencial, mas ainda mais profunda é a autocrítica, porque nela comparece o autor que continua aprendendo;

g) aprendizagem requer dedicação sistemática transformada em *hábito* permanente; aprendizagem adequada compatibiliza-se bem com formação permanente, indicando que é o caso de estudar sempre; em parte isto é imposto pela perecibilidade do conhecimento, em parte por novos horizontes que sempre se descortinam; não adianta estudar de vez em quando, por acaso, aos solavancos; há que estudar todos os dias;

h) aprendizagem do professor tem que se *profissional*, porque ele é profissional da aprendizagem; precisa, pois, estudar profissionalmente, como parte decisiva de sua profissão; quem não estuda não tem aula para dar.

Entendendo "aprendizagem adequada" por aprendizagem significativa ou real, torna-se indispensável salientar os conceitos que Demo (2008) indica-nos nesse texto: *autoria, pesquisa, elaboração, leitura sistemática, argumentação, fundamentação, hábito e profissional*. Acredito que podemos e devemos elaborar uma frase a partir delas, com o intuito de conceituar a palavra aprendizagem: professor e aluno são *profissionais* que necessitam ter o *hábito* de uma *leitura sistemática de mundo*, para permitir a cada qual um alto grau de argumentação, pois sem pesquisa não conseguiriam fundamentar a autoria da elaboração de seus textos.

Isso nos permite repensar o enfoque dado pelos professores à palavra ensino quando o acertado é concentrar todos os esforços em ações para uma aprendizagem concreta. Essa mudança de abordagem induz a uma alteração do papel dos "participantes do processo" ensino-aprendizagem (Masetto, 2003, p. 83). Ao comentar sobre a aprendizagem, o autor destaca estar referindo-se "ao desenvolvimento de uma pessoa"; nesse caso específico, o autor menciona "um universitário nos diversos aspectos de sua personalidade":

- Desenvolvimento de suas capacidades intelectuais, de pensar, de raciocinar, de refletir, de buscar informações, de analisar, de criticar, de argumentar, de dar significado pessoal às novas informações adquiridas, de relacioná-las, de pesquisar e de produzir conhecimento;
- Desenvolvimento de habilidades humanas e profissionais que se esperam de um profissional atualizado: trabalhar em equipe, buscar novas informações, conhecer fontes e pesquisas, dialogar com profissionais de outras especialidades dentro de sua área e com profissionais de outras áreas que se complementam para a realização de projetos ou atividades em conjunto, comunicar-se em pequenos e grandes grupos, apresentar trabalhos. Quanto às habilidades próprias de cada profissão, embora eu saiba que elas são conhecidas dos professores de cada Curso e os currículos, em geral, com elas se preocupem, queria lembrar que é importante também fazer uma investigação para verificar se, de fato, os currículos permitem que todas as habilidades profissionais possuem espaço para aprendizagem, ou se grande parte delas é preterida em função dos conteúdos teóricos;
- Desenvolvimento de atitudes e valores integrantes à vida profissional: a importância da formação continuada, a busca de soluções técnicas que juntamente com o aspecto tecnológico, contemplem o contexto da população, do meio ambiente, as necessidades da comunidade que será atingida diretamente pela solução técnica ou suas consequências, as condições culturais, políticas e econômicas da sociedade, os princípios éticos na condução de sua atividade profissional e que estão presentes em toda decisão técnica que se toma. Pretendemos formar um profissional não apenas competente, mas também compromissado com a sociedade em que vive, buscando meios de colaborar com a melhoria da qualidade de vida de seus membros, formar um profissional competente e cidadão (Masetto, 2003, p. 82-83).

Masetto (2003, p. 75) acrescenta que essas ações devam ser "realizadas com os outros participantes do processo", que são os "professores e os colegas", uma vez que a "aprendizagem não se faz isoladamente, mas em parceria, em contato com os outros e com o mundo". Assim, pretende-se uma necessária inovação no ensino superior, via currículo inovador, no caso desta pesquisa, um currículo inovador para o curso de Ciências Econômicas, considerando-se uma formação pedagógica necessariamente inovadora. E inovação entendida como mudança para melhor.

Acredito que o docente, principalmente do ensino superior, encontra-se inserido no presente contexto socioeconômico, no qual estará trocando seu papel de simples "transmissor de informações" para se transformar em "mediador pedagógico" ou "orientador do processo de aprendizagem" de seus alunos, conforme afirma Masetto (2003, p. 83), o que requer competências e saberes próprios da profissão e do profissional docente.

3.3 PROFISSÃO DOCENTE: COMPETÊNCIAS E SABERES

Apropriando-me das palavras de Hargreaves (2004), considero oportuno refletir de modo mais profundo sobre a profissão docente, partindo do conceito de que "ensinar é uma profissão paradoxal"; em outras palavras, é uma profissão que contém objetivos contraditórios. E assim se justifica:

> [...] entre todos os trabalhos que são, ou aspiram a ser, profissões, apenas do ensino se espera que gere as habilidades e as capacidades humanas que possibilitarão a indivíduos e organizações sobreviver e ter êxito na sociedade do conhecimento dos dias de hoje. Dos professores, mais do que de qualquer outra pessoa, espera-se que construam comunidades de aprendizagem, criem a sociedade do conhecimento e desenvolvam capacidades para a inovação, a flexibilidade e o compromisso com a transformação, essenciais à prosperidade econômica. Ao mesmo tempo, os professores também devem mitigar e combater muitos dos imensos problemas criados pelas sociedades do conhecimento, tais como o consumismo excessivo, a perda da comunidade e o distanciamento crescente entre ricos e pobres; de alguma forma devem tentar atingir simultaneamente esses objetivos aparentemente contraditórios. Aí reside seu paradoxo profissional (Hargreaves, 2004, p. 25).

Ou seja, se por um lado espera-se do professor ações que comportem a construção de comunidades de aprendizagem e a instituição da sociedade do conhecimento, criando aptidões e competências que permitam aos seres humanos e às empresas uma possível sobrevivência e sucesso, necessários para a prosperidade econômica, por outro lado exige-se dele, também, que alivie e combata os problemas criados pelas sociedades do conhecimento – o excesso de consumo e o crescente espaço existente entre as diversas classes sociais. Esses objetivos surgem como contraditórios.

Zabalza (2006, p. 64) discute a importância da docência na formação universitária, porém lembra que

> [...] nem todos os professores acreditam que a docência seja essencial na formação universitária. E "insiste-se", ainda, que ela pouco pode acrescentar de novo ao aluno que não possua "motivação, conhecimentos prévios, expectativas pessoais, capacidade de trabalho e esforço", entre outros atributos. E, mais, articula-se também, que não são as aulas que produzem a "marca da qualidade da formação" universitária e, sim, que a relevância desta marca estaria depositada na organização e no ambiente que se cria nas Universidades, por meio de "bibliotecas, laboratórios, espaços de estudos, fonte de informações", entre outros itens.

Ressalta Zabalza (2006, p. 64), que tais juízos são provenientes daqueles que também questionam a "capacidade formativa da ação universitária". Diz, ainda, que a universidade serve para bem pouco, uma vez que o aluno forma-se sem muitos conhecimentos relevantes e, por conseguinte, sem condições de exercer uma profissão. O autor revela que tais comentários sempre foram frequentes na história, e acredito que até hoje eles ainda são.

Ao destacar que "ensinar exige estética e ética", Freire (2000, p. 36) comenta da "decência e boniteza de mãos dadas", referindo-se à prática educativa que "tem de ser, em si, um testemunho rigoroso de decência e de pureza". E adverte que

> [...] estar longe, ou pior, fora da ética, entre nós, mulheres e homens, é uma transgressão. É por isso que transformar a experiência educativa em puro treinamento técnico é amesquinhar o que há de fundamentalmente humano no exercício educativo: o seu caráter formativo. Se se respeita a natureza do ser humano, o ensino dos conteúdos não pode dar-se alheio à formação moral do educando. Educar é substantivamente formar (Freire, 2000, p. 36).

Assim, destaco a ética como sendo fundamental para o profissional docente, e durante o processo de elaboração de sua concepção e ação pedagógica, algumas questões destacam-se para reflexão:

- a concepção de ser humano que defende;

- a concepção de conhecimento que assume;
- a concepção de sociedade pela qual trabalha;
- a concepção de educação decorrente das concepções adotadas;
- a concepção de professor e de prática que decorrem da concepção de educação assumida (Santos Neto, 2014, s/p).

As reflexões em relação a esses pontos precisam ser permanentemente consideradas e (re)consideradas. Acredito que a natureza de todas as coisas tem o poder de renovar-se constantemente. Com isso, qualquer trabalho docente carece apresentar a sua parcela de inovação, aqui entendida como o "ato" ou "efeito" de inovar, mudar para melhor. A vida implica mudanças!

A inovação é uma ocorrência complexa, uma vez que vem sempre acompanhada de reflexão que nos impulsiona para outro estágio da inovação, sequência que nos permite continuidade de atos e efeitos que proporcionam novas ações, e assim por diante.

O uso de um arquivo elaborado por meio de um programa Power Point, o uso de laboratório pelos alunos e mesmo o uso de multimídia na sala de aula não pode e não deve constituir por si só inovações. A inovação, como dito anteriormente, é uma mudança para melhor. Nesse processo de ensino-aprendizagem entende-se a inovação na relação professor-aluno com o intuito de criação de conhecimento, exigindo, para tanto, competências e saberes próprios do profissional docente.

A palavra inovação remete-nos para outra palavra: competência. O *Dicionário da Língua Portuguesa*[11] conceitua esse verbete como sendo a "qualidade de quem é capaz de apreciar e resolver certo assunto, fazer determinada coisa"; é também definido como "capacidade", "habilidade", "aptidão" e "idoneidade". Portanto, quando pensamos em inovação, é fundamental entender que para ela consolidar-se na esfera universitária, o professor necessita ser capaz, habilidoso, apto e idôneo para exercer a sua prática docente.

Masetto (2004), ponderando a sua experiência de vida na docência e na pesquisa no ensino superior, no âmbito da Universidade, sugere reflexões que contribuem a esse tema. Ele parte do conceito de inovação na educação superior, entendido como sendo

> [...] o conjunto de alterações que afetam pontos-chave e eixos constitutivos da organização do ensino universitário provocadas por mudanças na sociedade ou por reflexões

---

[11] Versão eletrônica (5.11.84) O Novo Dicionário Aurélio da Língua Portuguesa corresponde à 3. ed. Da Editora Positivo, revista e atualizada do Aurélio Século XXI, 2004.

sobre concepções intrínsecas à missão da Educação Superior (Masetto, 2004, p. 197).

Em outras palavras, toda mudança ocorrida na sociedade e/ou qualquer reflexão elaborada na educação superior sugere a constituição de um conjunto de alterações para melhor, que deverá desdobrar-se no âmbito da instituição de ensino superior, ou seja, na própria prática pedagógica docente.[12]

Torna-se óbvio que, ao mesmo tempo em que se exigem professores competentes, eles também sejam avaliados, entendendo-se a avaliação como um processo extremamente complexo que exige maiores aprofundamentos. Teixeira (2011)[13] reforça que no contexto educacional é imperativo "equilibrar a qualidade formal da política, para que o processo de inovação se inspire em sujeitos críticos e autocríticos", e mostra-nos que a

> [...] pedagogia é a oficina de gestão de sujeitos. Didática é o processo de motivação do saber pensar. Todavia, na teoria e sobretudo na prática, temos o contrário. Os professores, como regra, são treinados para ensinar, e nunca ultrapassam o estágio da mera aprendizagem [...] Aula, prova e cola são sinônimos, no espírito da coisa. Pesquisa, entretanto, poderia ser maneira inteligente de reverter o processo instrumentalizante, à medida que fundasse atitude alternativa participante, construtiva, questionadora [...]. Não se contenta em apropriar-se do conhecimento, porque faz dele a estratégia do questionamento. Une saber e mudar.

Por sua vez, Perrenoud (2000, p. 14) baseia-se no seguinte referencial para elencar as competências *prioritárias* docentes, "compatível com os eixos de renovação" da escola:

---

[12] Trabalho final (segundo semestre de 2010) da disciplina Inovação Educacional e Formação de Professor apresentado ao Prof. Dr. Marcos Tarciso Masetto. Esse trabalho consiste numa reflexão sobre as aulas ministradas pelo Prof. Masetto no Programa de Pós-Graduação em Educação: Currículo. Ela é parte integrante da tese de doutoramento, uma vez que parte de nossa proposta de estudo é a inovação não só no currículo do curso de Ciências Econômicas como também na didática dos docentes do referido curso.

[13] Nesse seu artigo o autor discute a "necessidade de uma transformação e de novos papéis da atividade educacional [...] em especial de novos papéis para seu agente principal – o professor". Assim, o seu objetivo é o de "discutir qual deverá ser o papel do professor como agente de mudanças", com o intuito de fazer a passagem do "estágio de Didática do Ensino-Aprendizagem para a Didática do 'Aprender a Aprender'". Aborda também a questão da "dignidade salarial" quando ressalta que a "competência é tão importante quanto a dignidade salarial". O autor evidencia que a questão salarial "torna-se mais relevante, pois para formar-se adequadamente e manter-se atualizado é mister acesso às devidas instrumentações, tais como: cursos, livros, produtos e meios eletrônicos, participação em eventos pertinentes". "Mas afirma "não é possível continuar colocando a questão salarial como capaz de resolver problemas de capacitação dos professores".

> [...] individualizar e diversificar os percursos de formação, introduzir ciclos de aprendizagem, diferenciar a pedagogia, direcionar-se para uma avaliação mais formativa do que normativa, conduzir projetos de estabelecimento, desenvolver o trabalho de equipe docente e responsabilizar-se coletivamente pelos alunos, coloca-los no centro da ação pedagógica, recorrer aos métodos ativos, aos procedimentos de projeto, ao trabalho por problemas abertos e por situações-problema, desenvolver as competências e a transferência de conhecimentos, educar para a cidadania.

Ele define o elenco das competências como sendo não "definitivo e nem exaustivo", uma vez que nenhum referencial garante "uma representação consensual, completa e estável de um ofício ou das competências que ele operacionaliza". A seguir, segue o rol das 10 grandes famílias de competências:

1. Organizar e dirigir situações de aprendizagem.
2. Administrar a progressão das aprendizagens.
3. Conceber e fazer evoluir os dispositivos de diferenciação.
4. Envolver os alunos em suas aprendizagens e em seu trabalho.
5. Trabalhar em equipe.
6. Participar da administração da escola.
7. [...]
8. Utilizar novas tecnologias.
9. Enfrentar os deveres e os dilemas éticos da profissão.
10. Administrar sua própria formação contínua.

A seguir assinalo também as competências profissionais especificadas por Zabalza (2006-2008) e que têm muito a ver com as apontadas por Perrenoud (2000). Com o intuito de agrupar o que designo de "competências profissionais" do docente universitário, faço referência a Zabalza (2006, p. 70-167). Identifica-se o termo como sendo um "trabalho de certo nível de complexidade que o distingue das atividades que se desenvolvem como mera execução de ordens de outros". A isso se deve acrescentar que o trabalho em questão está fundamentado em conhecimentos específicos, subsidiadores da prática dos professores ao exercerem suas funções enquanto tais.

Assim, apoiando-me em Zabalza (2008), configuram-se aos professores competências como:

1. Planejar o processo de ensino-aprendizagem.
2. Selecionar e preparar os conteúdos disciplinares.
3. Oferecer informações e explicações compreensíveis e bem organizadas.
4. Manejar as novas tecnologias.
5. Desenhar a metodologia e organizar as atividades.
6. Comunicar-se e relacionar-se com os alunos.
7. Exercer a tutoria.
8. Avaliar.
9. Refletir e investigar sobre o ensino.[14]
10. Identificar-se com a instituição e trabalhar em equipe.

Com esse elenco de ações, Zabalza (2006) propõe ao professor a visão do que seja o processo de ensino-aprendizagem no ensino superior. Complementamos esse rol introduzindo a aprendizagem como o principal foco do professor. Zabalza (2007, p. 169) propõe

> [...] que antes do compromisso com a sua disciplina, está o compromisso do docente com seus alunos, motivo pelo qual ele deve servir como facilitador, fazendo o que estiver ao seu alcance para que os alunos tenham acesso intelectual aos conteúdos e as práticas da disciplina.

Dessa forma, ele refere-se à "dupla competência" dos "bons" docentes: "[...] a competência científica, como conhecedores fidedignos do âmbito científico ensinado, e a competência pedagógica, como pessoas comprometidas com a formação e com a aprendizagem de seus estudantes" (Zabalza, 2007, p. 169).

Masetto (2009, p. 14) destaca que o professor, na

> [...] qualidade de profissional da educação, necessita de uma formação continuada, que inclua sua área de conhecimento específico, a área pedagógica e a dimensão política. Incenti-

---

[14] "Refletir e investigar sobre o ensino", sim, porém, o objetivo específico do docente consiste em ter como foco fundamental a aprendizagem dos seus alunos.

vado a trabalhar em equipe e coletivamente com seus colegas, está sempre trocando ideias e experiências sobre ações pedagógicas, projetos inovadores e mediação com os alunos.

O autor mostra que é necessário persistir no intuito de o professor abandonar seu *"status* de *expert"* em uma só disciplina para modificar-se em um "mediador de aprendizagem, que construa clima de confiança [...], de parceria com seus alunos, visando à educação e formação profissional". Por outro lado, o docente

> [...] (ele também um aprendiz) se pensa requalificado como profissional da educação e com novo papel no processo de aprendizagem assumido: intelectual transformador, crítico e emancipador; planejador de situações de aprendizagem; mediador e incentivador dos alunos em suas aprendizagens; trabalhando em equipe e em parceria com os alunos e seus colegas professores, superando o individualismo e a solidão reinantes na docência (Masetto, 2009, p. 14).

É imperativo perceber que é somente a partir da sua transformação em "mediador de aprendizagem" que o docente se entende, também, como um aprendiz, alguém que estimula aprendizagem entre seus alunos ao mesmo tempo em que se permite trabalhar em equipe, como parceiro, junto aos seus colegas professores e alunos. Exigências cabíveis, aqui em especial, ao professor do curso foco deste estudo, o curso de Ciências Econômicas, questão aprofundada no capítulo que segue.

4

RETOMANDO-SE O CAMINHO TRILHADO: APRESENTAÇÃO, ANÁLISE DOS DADOS E RESULTADOS DA PESQUISA

Os resultados da pesquisa a seguir apresentados têm como objetivo proporcionar uma reflexão sobre a prática docente na área de Economia e contribuir para possíveis inovações (mudanças para melhor) curriculares.

Para isso foram enviados questionários para 15 docentes do curso de Ciências Econômicas. Desses, 11 responderam, sendo que 5 são docentes economistas e 6 são docentes do mesmo curso de Economia, mas com formação diversa, como podemos verificar no Quadro 4:

Quadro 4 – Professores pesquisados

Itens	Docentes do curso de Ciências Econômicas (A)	Questionários enviados (B)	(C = B / A)	Questionários recebidos (D)	(E = D / B)
Docentes economistas (PE)	9	9	100,00%	5	55,56%
Docentes de formação diversa (PX)	15	6	40,00%	6	100,00%
Totais	24	15	62,50%	11	73,33%

Fonte: elaborado pelo autor

O Quadro 4 dá uma visão geral da pesquisa em termos quantitativos: assumiu-se, para o envio de questionários, uma porcentagem de aproximadamente 60%; isso reflete 15 professores do curso, sendo 9 docentes economistas e 6 docentes de formação diversa. O retorno dos questionários deu-se como descrito anteriormente, isto é: um total de 11 docentes, ou seja, 73.33% dos questionários enviados foram respondidos.

4.1 PROFESSORES ECONOMISTAS (PE)

O questionário (Quadro 3) inicialmente trouxe perguntas relacionadas aos dados pessoais e histórico profissional dos docentes, com o objetivo de traçar o perfil dos professores pesquisados. Os sujeitos da pesquisa foram devidamente nomeados (ver Quadro 1), como segue: PE1, PE2 etc. para os docentes economistas e PX1, PX2 etc. para os docentes com formação diversa.

Foi elaborada uma entrevista de aprofundamento com os professores PE2, PE3 – (coordenadora do curso de Ciências Econômicas), PE5 e PX5.

Observando o Quadro 5, na sequência, podemos notar que nenhum professor economista pesquisado tinha menos do que 10 anos de experiência docente. PE3 – já identificada anteriormente – e PE4 também tinham experiência como coordenadores de curso. Dos 5 professores, 1 era do sexo feminino e 4 do sexo masculino.

Quadro 5 – Parte A – Perfil dos sujeitos – Docentes economista – Dados pessoais

Sujeitos	Sexo	Idade	Tempo na docência (anos)	Tempo no ensino superior (anos)	Tempo de coordenação de curso (anos)	Tempo na instituição atual (anos)	Observações
PE1	M	47	14	14	-	10	-
PE2	M	39	13	13	-	12	-
PE3	F	39	10	9,5	5	9	-
PE4	M	53	28	28	18	12	-
PE5	M	45	13	13	-	4	-

Fonte: elaborado pelo autor

Com relação à formação, observa-se, no Quadro 6, que todos eram graduados em Ciências Econômicas, todos tinham mestrado na área e PE3 estava em vias de ingressar no doutorado em Educação.

Quadro 6 – Parte A – Perfil dos sujeitos – Docentes economistas – Formação

Sujeitos	Ensino superior	Cursos de pós-graduação			
	Curso	Especialização	Mestrado	Doutorado	Pós-Doutorado
	Instituição	Instituição			
PE1	Economia	-	Concluído	-	-
	Mackenzie	Mackenzie	Mackenzie	-	-
PE2	Ciências Econômicas	-	Concluído	-	-
	Umesp USCS	-	PUC/SP	-	-
PE3	Ciências Econômicas	-	Concluído	Educação	-
	Fundação Santo André	Faculdades Ribeirão Pires	USCS	Metodista	-
PE4	Ciências Econômicas	-	Concluído	-	-
	Faculdade Oswaldo Cruz	Mercado de Capitais – USJT	UNG e Metodista	-	-
PE5	FAAP	N/A	N/A	-	-
	Ciências Econômicas	Mackenzie	PUC-SP	-	-

Fonte: elaborado pelo autor

O Quadro 7 mostra que todos os professores economistas pesquisados tinham mais de 10 anos de experiência em docência. Três dos docentes pesquisados também tinham vasta experiência de atuação no mercado (entre 15 e 30 anos). Esse era um dos pontos positivos do curso, pois em sua entrevista, CC (professor coordenador de curso) revelou que os professores economistas do curso costumam ser referências para os alunos: *"sim, somos referências para os alunos. Eles se espelham e vibram com as nossas conquistas, então nós estamos vivenciando um momento de grandes conquistas para o curso de Ciências Econômicas"*.

Quadro 7 – Parte A – Perfil dos sujeitos – Docentes economistas – Experiência profissional

Sujeitos	Tempo na docência no ensino básico (anos)	Tempo na docência no ensino superior (anos)	Tempo no cargo de coordenador de curso (anos)	Tempo em outra atividade funcional (anos)	Tempo no mercado (anos)
PE1	N/A	14	-	3	18
PE2	N/A	13	-	20	-
PE3	N/A	9,5	5	-	15
PE4	N/A	28	9	16	-
PE5	N/A	13	-	24	30

Fonte: elaborado pelo autor

No Quadro 8 aprofunda-se melhor a experiência profissional desses docentes. Importante salientar que quando perguntados sobre se tinham conhecimentos de suas atribuições profissionais, segundo o regimento da instituição, somente PE1 respondeu não conhecê-las.

Todos os docentes economistas pesquisados tinham experiência como profissionais liberais, inclusive em órgãos públicos. Eles afirmaram participar de cursos de capacitação/atualização com bastante frequência e também apresentaram uma considerável produção acadêmica.

Quadro 8 – Parte A – Perfil dos sujeitos – Docentes economistas – Experiência acadêmica

Disciplina(s) que leciona atualmente no ensino superior	*Graduação: Macroeconomia e Economia Brasileira; Pós-Graduação: Macroeconomia e Economia Brasileira* (**PE1**).
	Graduação: Econometria, Microeconomia, Economia do Setor Público e História do Pensamento Econômico (**PE2**).
	Graduação: Economia Brasileira e Técnicas de Pesquisa, além de orientação de trabalho de Curso (**PE3**).
	Graduação: Jogos de Empresas, Finanças e Orientação de Projetos de Viabilidade. Pós-Graduação: Gestão Financeira e Redação de Artigos (**PE4**).
	Graduação, Econometria, Microeconomia, Economia no Setor Público, História do Pensamento Econômico (**PE5**).

Tem conhecimento de suas atribuições profissionais segundo o regimento/ estatuto da sua IES?	*Não* (**PE1**). *Sim* (**PE2**). *Sim* (**PE3**). *Sim* (**PE4**). *Sim* (**PE5**).
Além da profissão como docente, qual a sua experiência profissional em organizações ou como profissional liberal?	N/A (**PE1**). *Área financeira e de custos, empresas automobilísticas (montadoras); economista da Secretaria de Desenvolvimento Econômico da Prefeitura de Santo André* (**PE2**). *Escriturária: Banco Bradesco; estagiária: Saint Gobain/Departamento Comercial; estagiária e encarregada: Prefeitura de Mauá/Secretaria de Desenvolvimento Econômico; Analista: Cia Ultragaz/Controladoria: análise de mercado* (**PE3**). N/A (**PE4**). *Tenho experiência na área comercial, prestando serviços ao mercado financeiro. Também atuo na elaboração de projetos de instalação de finais e levantamento de custos* (**PE5**).
Qual a recorrência de suas atividades de atualização e/ou capacitação?	*Constante* (**PE1**). *São bastante frequentes. Apenas observando cursos extras, diria que ao menos anual* (**PE2**). *São semestrais, para cursos de curta duração* (**PE3**). N/A (**PE4**). *Pequenos cursos de capacitação uma vez por ano* (**PE5**).
Em termos de produção acadêmica, qual a assiduidade e o tema de seus trabalhos?	N/A (**PE1**). *Nos últimos anos tenho ampliado minhas atividades de produção, dado o trabalho no observatório econômico no qual realizamos cinco Pesquisas de Intenção de Compras por ano e mais três Boletins Conjunturais, além das publicações na coluna de economia em jornal local. Com relação à publicação em revistas acadêmicas e/ou congresso, tenho conseguido em torno de um por ano. Em 2014, fui avaliador de uma revista europeia, da Universidade Del País Basco, Espanha* (**PE2**). *A produção, após o término do mestrado, foi reduzida. Foi publicado um artigo e um capítulo de livro. As publicações têm sido a cada 40 dias em coluna de jornal* (**PE3**). *Quatro congressos por ano e três artigos de publicação* (**PE4**). *Gosto de trabalhar com temas ligados a inovação, tecnologia e produção, com base em Josef Schumpeter, Karl Marx etc. As produções acadêmicas não têm assiduidade. Talvez pelo volume de trabalho e necessidade de recursos financeiros, fazem com que nos dediquemos mais às aulas* (**PE5**).

Qual a sua disciplina no curso de Ciências Econômicas?	N/A (**PE1**).
	Econometria, Microeconomia, Economia do Setor Público, História do Pensamento Econômico (**PE2**).
	Não há uma disciplina específica. Na instituição não há o "dono da cadeira", contudo procuro sempre ministrar Introdução à Economia, Economia Brasileira, Técnicas de Pesquisa e Orientação de Trabalho de Curso (**PE3**).
	Monografia (**PE4**).
	Introdução à Economia; Macroeconomia; História do Pensamento Econômico; Economia Industrial; Economia do Setor Público; Economia Brasileira (**PE5**).

Fonte: elaborado pelo autor

Segundo PE2, é importante para o aluno ter um professor com experiência de mercado para que possa, assim, visualizar como a teoria pode ser utilizada de forma prática, pois o docente consegue abordar os conteúdos de forma mais contextualizada.

> *Com relação às competências, considero fundamental a capacidade de utilizar os mecanismos analíticos do escopo teórico da ciência para aplicação e avaliação de casos reais, e que está intimamente ligada à habilidade de estabelecer relações de causa e efeito, muitas das quais interdisciplinares. No ensino da Economia considero esta última a mais difícil, pois exige primeiro que o professor tenha contato com tais aplicações, seja por meio de pesquisa aplicada ou por meio das experiências no mercado ao longo da vida profissional. Entre outros fatores, essa capacidade possibilita que os tópicos da disciplina ganhem uma abordagem mais interessante. Em geral, os alunos têm grande dificuldade de associar as discussões teóricas e suas generalizações com os fenômenos do dia a dia. Um dos aspectos dos alunos que se destacam é justamente essa capacidade de fazer a "ponte" entre a teoria e sua aplicação a casos práticos, que é o que possibilitará uma visão crítica e construtiva da mesma. Entretanto a minoria dos alunos revela essa habilidade* (PE2, 2014).

Segundo PE2, um docente capacitado, com experiência no mercado de trabalho, pode estabelecer uma importante correlação entre a teoria e a prática, possibilitando ao aluno uma visão mais crítica dos conteúdos abordados. Por outro lado, o professor CC ressaltou:

> *[...] a gente tem professores referência nesse sentido e para mim o que é importante é que esses professores que são referência são economistas. São professores que ministram as temáticas de Econo-*

> mia. [...] Eu costumo dizer, e isso é reconhecido pela Faculdade, que nós temos um grupo de professores economistas muito coeso e que funciona muito bem, e os alunos têm essa percepção (CC, 2014).

Essa declaração do professor CC permite-nos entender que em termos de docentes economistas, o curso tem um excelente grupo docente, sendo uma referência para os seus alunos.

4.2 PROFESSORES COM FORMAÇÃO DIVERSA (PX)

Objetivando traçar o perfil dos professores de formação diversa, sendo 6 os que participaram desta pesquisa, o Quadro 9 traz dados pessoais relevantes.

Dos professores pesquisados com formação diversa, 4 pertenciam ao sexo masculino e dois ao sexo feminino. As idades desses professores variavam de 31 a 67 anos e eles tinham vasta experiência na docência do ensino superior. PX4, PX5 e PX6 também tinham experiência em coordenação de curso. É necessário destacar os seguintes aspectos fundamentais:

1. A diferença de idade entre os docentes do curso permite-nos antever que existe uma troca de saberes e competências entre eles, o que resulta, sem dúvida, num aproveitamento melhor para o aluno.

2. As professoras ministravam disciplinas relevantes para o economista: Econometria, Estatística e Gestão Ambiental. Nesse caso, a experiência de mercado de PX3 é muito significativa.

Quadro 9 – Parte A – Perfil dos sujeitos – Docentes de formação diversa – Dados pessoais

Sujeitos	Sexo	Idade	Tempo na docência (anos)	Tempo no ensino superior (anos)	Tempo de coordenação de curso (anos)	Tempo na instituição atual (anos)	Observações
PX1	F	31	4	4	-	1,6	-
PX2	M	65	30	30	-	13	-
PX3	F	58	28	28	-	8	-
PX4	M	43	14	14	8	22	-
PX5	M	63	40	34	10	26	-
PX6	M	67	40	32	6	29	-

Fonte: elaborado pelo autor

Com relação à formação, observa-se, no Quadro 10 que esses docentes tinham uma formação bem diversa, desde Letras e Estudos Orientais (PX6) a Ciências Biológicas (PX1), passando por Engenharia Mecânica, Estatística, Filosofia e Administração. Acreditamos que o fato de existir uma formação diversificada pode e deve despertar nos alunos um maior interesse por essas áreas, o que permitiria formar um economista com um conhecimento mais generalista em termos das outras disciplinas. O professor PX5 alerta que *"Economia não é só número, é gente"*, o que equivale afirmar que um conhecimento mais profundo nas outras disciplinas do núcleo geral do curso permite ao economista ter uma visão mais abrangente da sociedade.

Masetto (2011) alerta-nos sobre a questão da *"interprofissionalidade [...] em que o próprio exercício da Economia exige [...] interface com outras áreas"*. A própria formação do profissional de Economia, adverte ele, *"tem de levar em consideração essas interfaces"*.

Quadro 10 – Parte A – Perfil dos sujeitos – Docentes de formação diversa – Formação

Sujeitos	Ensino superior	Cursos de Pós-Graduação			
	Curso	Especialização	Mestrado	Doutorado	Pós-Doutorado
	Instituição	Instituição			
PX1	Ciências Biológicas	Concluída	A concluir	A concluir	-
	Centro Universitário São Camilo	Faculdade de Saúde Pública FSP/SP	Faculdade de Saúde Pública FSP/SP	Faculdade de Saúde Pública FSP/SP	-
PX2	Engenharia Mecânica	Concluída	Concluído	Concluído	
	Escola de Engenharia Mauá	Fundação Getúlio Vargas	PUC/SP	USP	-
PX3	Estatística	-	Concluído	-	-
	Sem resposta	-	IME-USP	-	-
PX4	Administração	-	-	Concluído	-
	Metodista	-	Metodista	Unesp	-

Sujeitos	Ensino superior	Cursos de Pós-Graduação			
	Curso	Especialização	Mestrado	Doutorado	Pós-Doutorado
	Instituição	Instituição			
PX5	Filosofia	-	Concluído	Concluído	-
	Universidade Mogi das Cruzes	-	Metodista	Unimep	-
PX6	Letras e Estudos Orientais	Concluída	Concluído	Concluído	Concluído
	FFLCH USP	Universidade Hebraica de Jerusalém	USP	USP	Università La Sapienza-Roma e Università degli Studi di Firenze

Fonte: elaborado pelo autor

No Quadro 11 – Experiência Profissional – verifica-se que apesar dos docentes apontarem experiência de mercado, somente PX3, PX4 e PX6 tinham experiência em outra atividade profissional. PX4, PX5 e PX6 também apontaram experiência em cargo de coordenação de curso.

PE5 destacou que o professor do curso de Ciências Econômicas precisa ter "[...] *uma formação inicial genérica [...] um conhecimento generalizado dos aspectos da Ciência Econômica, aspectos históricos, fatos históricos. Isso é importante*". Ele propõe, ainda, que os professores devem ter um "*embasamento matemático, financeiro*". "*O que eu noto*", disse ele, "*é que nos cursos de economia [...] eles são mais teóricos do que práticos, então eles são mais voltados à teoria e aí, muitas vezes, essa oportunidade da prática eles não têm. Fica um vazio*". O professor PX5 entende o docente como um educador. Ele pressupõe que

> *[...] independentemente do curso, ele tenha a capacidade e esse entendimento do que é ser educador. Educador é o que vai conduzir o aluno no aprendizado, no mútuo entendimento, na mútua troca de saber. Então não é só o oferecimento do conhecimento. É uma troca, uma condição, é o respeitar a cultura do aluno: isso é ser educador.*

Ele continua dividindo em dois espaços:

> [...] uma competência, vou chamar de técnica, que é o conhecimento específico de Economia, Micro, Macro, a parte matemática, que é Econometria, o conhecimento sólido, a História Econômica, então esse é o núcleo central de Economia que ele, docente, tem que deter, independentemente do conteúdo que ele for ministrar, ele tem que dominar. Por outro lado, ele tem que ter a sensibilidade de conhecer Geografia Humana, a História, o Pensamento Filosófico, para entender as correntes econômicas e aí trazer para o aluno, esse evoluir da história, com essa ferramenta. Então o professor que conseguir equilibrar esses dois espaços, para mim, é um professor de Economia, porque ele vai trabalhar não só a parte técnica, mas ele vai trabalhar com a competência humana, porque Economia não só número, é gente.

Podemos inferir que os docentes com experiência em outra atividade funcional têm maior possibilidade de trabalhar em sala de aula com a teoria e seus conhecimentos práticos de mercado.

Quadro 11 – Parte A – Perfil dos sujeitos – Docentes de formação diversa – Experiência profissional

Sujeitos	Tempo na docência no ensino básico (anos)	Tempo na docência no ensino superior (anos)	Tempo no cargo de coordenador de curso (anos)	Tempo em outra atividade funcional (anos)	Tempo no mercado (anos)
PX1	-	4	-	-	-
PX2	-	30	-	-	25
PX3	-	28	-	15	-
PX4	-	14	8	9	25
PX5	-	34	10	-	20
PX6	24	32	6	7	12

Fonte: elaborado pelo autor

No Quadro 12 observamos as disciplinas lecionadas por esses docentes. Importante sublinhar que todos responderam ter conhecimentos de suas atribuições profissionais segundo o regimento da instituição. Com relação à atualização e/ou capacitação, as respostas foram variadas: PX1, PX2 e PX6 afirmaram realizar cursos de atualização e capacitação com frequência; PX3 e PX4 afirmaram fazer capacitação com uma frequência média; e PX5 alegou atualizar-se somente por cursos que a instituição provia.

É relevante salientar os cursos de atualização e capacitação, mesmo aqueles oferecidos pela instituição. Masetto (2003, p. 14), em sua apresentação da obra *Formação de professores e escola na contemporaneidade*, que tem como organizadora Marina Graziela Feldmann, destaca que o professor, como *"profissional da educação, necessita de uma formação continuada, que inclua sua área de conhecimento específico, a área pedagógica e a dimensão política"*.

Por outro lado, Freire (1987, p. 73) afirma que os homens se *"sabem inacabados. Eles têm a consciência de sua inconclusão"* e, portanto, assevera-nos que a educação é um *"quefazer permanente [...] na razão da inconclusão dos homens e do devenir da realidade"*. Ele completa que a educação se *"re-faz constantemente na práxis"* e, por fim, afirma que para *"ser tem que estar sendo"*. Dowbor (2014) sinaliza que

> [...] nós temos que criar os avanços correspondentes, nós temos de mudar o nosso modo de trabalho, não é o professor uma ilha dentro da sala de aulas, dizendo o que pensa. Nós temos que fazer redes de pesquisas entre Instituições que ensinam Economia, nas mais variadas partes do mundo, para todos nós, modestamente começarmos a reconstruir as nossas cabeças.

Essa fala reforça, como as outras, a necessidade e a importância da capacitação para o docente. Entendemos que é uma condição *sine qua non* de ser docente.

Quadro 12 – Parte A – Perfil dos sujeitos – Docentes de formação diversa – Experiência acadêmica

Disciplina(s) que leciona atualmente no ensino superior	*Graduação: Gestão Ambiental; Pós-Graduação: Gestão Ambiental* (**PX1**).
	Graduação: Teoria da Contabilidade, Estratégia Empresarial, Controladoria; Pós-Graduação: Teoria a Contabilidade (**PX2**).
	Graduação: Psicologia, Administração, Contabilidade, Medicina Veterinária, Engenharia, Comércio Exterior e Economia (**PX3**).
	Graduação: Teorias da Administração; Pós-Graduação: Metodologia Qualitativa em Administração (**PX4**).
	Graduação: Gestão de Pessoas, Liderança, Empreendedorismo e Gestão Pública; Pós-Graduação: Modelos de Gestão, Relações Trabalhistas e Sindicais e Gestão de Pessoas (**PX5**).
	Graduação: Educação e Seminário de Gestão Pública, Pós-Graduação: Pesquisa e Didática/Seminário Formar (**PX6**).

Tem conhecimento de suas atribuições profissionais segundo o regimento/estatuto da sua IES?	*Sim* (**PX1**). *Sim* (**PX2**). *Sim* (**PX3**). *Sim* (**PX4**). *Sim* (**PX5**). *Sim* (**PX6**).
Além da profissão como docente, qual a sua experiência profissional em organizações ou como profissional liberal?	*Trabalhei por um ano e meio em uma construtora de médio porte na área de sustentabilidade e por sete anos no Semesp na área de marketing* (**PX1**). *Analista financeiro, gerente de risco e diretor comercial, todas em instituição financeira de grande porte* (**PX2**). *Análise de dados da área da saúde para empresa de pesquisa* (**PX3**). *Trabalhei em instituição bancária nos anos de 1980/90* (**PX4**). *Gestor na área de Recursos Humanos em organizações dos setores da construção civil, metalúrgico e químico; consultor na área organizacional; gestor na administração pública* (**PX5**). *Secretário de Educação e agora Conselheiro Nacional da Educação (CNE); presidente da Câmara de Educação Básica do CNE* (**PX6**).
Qual a recorrência de suas atividades de atualização e/ou capacitação?	*Frequentes, principalmente por conta do doutorado* (**PX1**). *Quatro cursos por ano em média* (**PX2**). *Médio* (**PX3**). *No âmbito de cursos complementares (workshops, seminários, por exemplo), diria que anual* (**PX4**). *Cursos oferecidos pela própria Universidade Metodista em periodicidade semestral, seminários profissionais e cursos específicos* (**PX5**). *Continuamente, porque pesquiso educação, assessoro grupos de pesquisa e participo de comissões normatizadoras no CNE desde 2012* (**PX6**).
Em termos de produção acadêmica, qual a assiduidade e o tema de seus trabalhos?	*Ao menos dois trabalhos por ano tento publicar em congressos. Meus temas estão sempre ligados a sustentabilidade, políticas públicas ambientais, gestão ambiental e participação social. E mais recentemente, trabalho no doutorado com mídias sociais e sustentabilidade urbana* (**PX1**). *Três artigos publicados em média por ano em periódicos indexados pela Capes e participação em dois congressos da área sendo sempre um no exterior em média por ano* (**PX2**). *Baixa* (**PX3**). *Posto que atuo como pesquisador em programa de stricto sensu, o fluxo de produção é contínuo, de modo a atender os dispositivos de referência da Capes. Quanto ao(s) tema(s), pesquiso sobre cultura organizacional, ensino de Administração e gestão escolar* (**PX4**).

Em termos de produção acadêmica, qual a assiduidade e o tema de seus trabalhos?	*Gestão Pública com foco em Políticas Públicas Integradas.* Último trabalho, organização de livro sobre a experiência da Incubadora de Empreendimentos Solidários (SBCSol) (**PX5**).
	Cinco a seis artigos por ano sobre cultura organizacional, cultura brasileira, educação e políticas públicas de educação/cultura (**PX6**).
Qual a sua disciplina no curso de Ciências Econômicas?	*Gestão Ambiental dentro do Módulo de Sustentabilidade* (**PX1**).
	Estratégia Empresarial (**PX2**).
	Estatística e/ou Econometria (**PX3**).
	Modo com as Temáticas de Teoria da Administração e Administração Contemporânea (**PX4**).
	Ética e Política (**PX5**).
	PPGA: Pesquisa e Didática mais Seminário Formar (**PX6**).

Fonte: elaborado pelo autor

Com relação à produção acadêmica, as respostas também foram variadas: PX1 afirmou que costumava publicar dois artigos por ano em média; PX2, três artigos em média por ano e participar de dois congressos anuais, sendo um, geralmente, no exterior; PX3 disse ter uma produção média; PX4, PX5 e PX6 tinham uma produção bem mais numerosa.

A produção acadêmica é importante, como deixa transparecer o professor CC. Ele preconiza que o curso de Ciências Econômicas está em evidencia com as pesquisas realizadas pelo "Observatório Econômico" e isso vem produzindo *"excelentes resultados na mídia, ou seja, um reconhecimento desse meio, isso é importante"*. Ele destacou:

> *[...] já fomos procurados para ministrar palestras, para fazer pesquisas, então também vem um reconhecimento, e os alunos gostam de participar dessas informações. Dia desses tivemos uma entrevista para a Globo aqui e pouco antes da orientação de monografia, o pessoal que estava saindo disse: "Pô, professor, eu vou esperar o jornal de hoje para te ver" [...] Isso é muito legal.*

Acredito que é esse olhar do aluno que nos anima não só a produzir mais, como também a ensiná-lo a produzir, como produzir e seus porquês. Ratifico isso fazendo minhas as palavras de Demo (2003, p. 5-6) quando ele declara que:

> [...] o que melhor distingue a educação escolar de outros tipos e espaços educativos é o *fazer-se* e *refazer-se* na e pela pesquisa. [...] a base da educação escolar é a pesquisa, não a aula, ou o ambiente de socialização, ou a ambiência física, ou o mero contato entre professor e aluno.

4.3 ENSINO SUPERIOR/CURSO DE CIÊNCIAS ECONÔMICAS

Aqui podemos verificar as respostas dos docentes pesquisados relacionadas diretamente aos saberes e às competências de um professor de Ciências Econômicas.

Segundo Tardif (2002), o saber dos professores é plural, compósito, heterogêneo, porque envolve no próprio exercício do trabalho conhecimentos e um saber-fazer bastante diverso, provenientes de diversas fontes e naturezas.

> O saber está a serviço do trabalho. Isso significa que as relações dos professores com os saberes nunca são relações estritamente cognitivas: são relações mediadas pelo trabalho que lhes fornece princípios para fornecer e solucionar situações cotidianas (Tardif, 2002, p. 17).

No Quadro 13 vemos o que os docentes economistas entendem por saberes e competências: pontos como uma boa formação histórica, vivência prática, aprofundamento das teorias econômicas, conhecimentos acadêmico e profissional.

O professor PE2 declarou que o docente deve inter-relacionar as disciplinas, associar os conteúdos teóricos da disciplina ministrada com a realidade dos fatos e também *"(este eu acho mais difícil) conseguir demonstrar a aplicabilidade do conhecimento, especialmente dos modelos teóricos, tanto da Microeconomia quanto da Macroeconomia"*. Já PE3 disse que o docente deve: *"aproximar a teoria da prática"* estimulando as *"atividades de pesquisa"*, aguçando, dessa forma, a *"curiosidade dos alunos"*.

O professor PE5 identificou vários saberes, como:

> [...] conhecer os principais autores sobre o tema estudado/lecionado, há também a vivência prática. Por exemplo, professores que lecionam Mercado de Capitais. Seria interessante que ele tenha atuado no mercado financeiro e que tenha um conhecimento mínimo. O mesmo para professores que lecionam Microeconomia, que tenham trabalhado em alguma firma, com experiência em levantamento de custos, ou, ainda, na elaboração de projetos etc.

Tardif (2002, p. 65) interpreta Perrenoud (1996) sobre os saberes dos docentes e estabelece que eles:

> [...] não são oriundos sobretudo da pesquisa, nem de saberes codificados que poderiam fornecer soluções totalmente prontas para os problemas concretos da ação cotidiana, problemas esses que se apresentam, aliás, com frequência, como casos únicos e instáveis, tornando assim impossível a aplicação de eventuais técnicas demasiadamente padronizadas.

Entendo, assim, que os saberes docentes advêm de várias origens e da sua própria história de vida.

Quadro 13 – Parte B – Problemática e objetivos – Docentes economistas – Ensino superior/curso de Ciências Econômicas

Professor(a), de acordo com os seus estudos (ou experiência), quais são os saberes e as competências indispensáveis para um professor do ensino superior, no caso de Ciências Econômicas?
História, Ecologia, Macroeconomia, Microeconomia, Filosofia e Política (**PE1**).
A formação de um bom economista requer conhecimento de mecanismos estatísticos de análise e também uma boa formação histórica para compreender os fenômenos que impactam na trajetória econômica. Acho importante que os professores consigam reunir os saberes e as habilidades: bons conhecimentos de mecanismos matemáticos e estatísticos, boa visão crítica da realidade econômica, o que requer boa formação histórica; deve ser bem informado e ter boa capacidade analítica; do ponto de vista do processo de ensino, o professor deve conseguir inter-relacionar as disciplinas, associar os conteúdos da disciplina, teóricos com fatos da realidade e também (este eu acho mais difícil) conseguir demonstrar a aplicabilidade do conhecimento, especialmente dos modelos teóricos, tanto da micro quanto da macroeconomia (**PE2**).
Faz-se necessário o aprofundamento nas teorias econômicas e na aplicabilidade das mesmas no mundo corporativo/mercado econômico. O professor precisa aproximar a teoria da prática e estimular as atividades de pesquisa, ou melhor, a curiosidade dos alunos (**PE3**).
Conhecimentos acadêmico e profissional (**PE4**).
Dentre os vários saberes, como conhecer os principais autores sobre o tema estudado/lecionado, há também a vivência prática. Por exemplo, professores que lecionam Mercado de Capitais. Seria interessante que ele tenha atuado no mercado financeiro e que tenha um conhecimento mínimo. O mesmo para professores que lecionam Microeconomia, que tenham trabalhado em alguma firma, com experiência em levantamento de custos, ou, ainda, na elaboração de projetos etc. (**PE5**).

Fonte: elaborado pelo autor

No Quadro 14 encontramos a visão dos professores com formação diversa para a mesma questão. Foram citados: boa didática, conhecimento da disciplina e bom relacionamento com os alunos, domínio do conteúdo teórico e integração dos saberes.

Freire (2000, p. 29) lembra-nos que nas *"condições de verdadeira aprendizagem os educandos vão se transformando em reais sujeitos da construção e da reconstrução do saber ensinado, ao lado do educador, igualmente sujeito do processo"*.

Diferentemente do professor de Ciências Econômicas, o de formação diversa tem um viés díspar de saberes necessários para a docência. De acordo com a sua área de atuação, ele tem como objetivo reforçar um melhor relacionamento com o aluno, o que permite que este usufrua de um aproveitamento privilegiado.

A fala do professor CC permite-nos ter uma visão sobre saberes e competências docentes para o curso de Ciências Econômicas quando ele comenta:

> *Eu tenho um professor que já não está mais no curso de Economia porque ele não deu certo, embora seja economista, porque a única coisa que faz na vida foi dar aula. Esse não me serve, porque ele está muito distante da realidade do mercado. Muito distante. Não é possível. Todos os demais têm. Eles trabalham e dão aula, como o aluno diz, embora se pregue que o professor tinha que ter dedicação exclusiva, que isso é o ideal [...] no ponto de vista teórico, fantástico! Para produzir artigos, fantástico! Mas e a aplicabilidade? Nenhuma. E eu acho que isso não me serve. Para a realidade do meu aluno não me serve. O aluno que entra aqui precisa trabalhar. Ele não vai ficar em uma sala estudando. Ele não vive de renda nesse sentido.*

Essa é, portanto, a realidade que nós temos, não somente nesse curso específico de Ciências Econômicas, mas em quase todas as áreas do conhecimento.

Quadro 14 – Parte B – Problemática e objetivos – Docentes de formação diversa – Ensino superior/curso de Ciências Econômicas

Professor(a), de acordo com os seus estudos (ou experiência), quais são os saberes e as competências indispensáveis para um professor do ensino superior, no caso de Ciências Econômicas?

> *Para mim, independentemente do curso em que o docente atua, é indispensável ter didática, boa dicção, humildade e criatividade* (**PX1**).
>
> *Conhecimento da disciplina, bom relacionamento com os alunos, capacidade de diálogo e saber escolher a forma de mais interessá-los no estudo do conteúdo transmitido. Estar atualizado também é indispensável* (**PX2**).
>
> *Domínio da matemática (básico avançado) e a leitura econômica* (**PX3**).
>
> *Contexto macroeconômico nacional, aspectos culturais inerentes aos brasileiros, cidadania organizacional e relações humanas* (**PX4**).
>
> *Conhecimento sólido das Teorias Econômicas, História e Sociologia. Sensibilidade Social, raciocínio lógico, redação objetiva, fundamentação técnica para uso da estatística e profunda valorização do ser humano como foco, objeto e finalidade dos estudos econômicos* (**PX5**).
>
> *Capacidade de integração de saberes e de comunicação de ideias: economia, administração, psicologia, política e gestão. Leitura de mundo e palavra entre esses saberes e ótima expressão escrita para fazer avançar o debate e o conhecimento* (**PX6**).

Fonte: elaborado pelo autor

Importante salientar que é observamos nos professores economistas uma preocupação em alinhar o conteúdo disciplinar com uma prática em sala de aula, enquanto os professores com formação diversa têm uma preocupação maior com os conteúdos teóricos.

O professor PE2, quando questionado a respeito dos saberes e competências do docente do curso de Ciências Econômicas, pronunciou-se de maneira resumida: *"[...] julgo que o docente deve ter uma boa formação teórica, sendo ela importante para desenvolver o raciocínio econômico em torno dos temas e estabelecer as inter-relações".* Masetto (2003, p. 84) informa-nos que os professores devem ser "excelentes profissionais, [...] pesquisadores em suas áreas [...] de conhecimento e desenvolvem uma formação continuada com relação à competência pedagógica".

4.4 CURRÍCULO

No Quadro 15 vemos que os docentes economistas pesquisados veem o currículo como o conhecimento mínimo/básico que o aluno deve ter para ingressar no mercado. Apenas PE1 disse desconhecer o currículo do curso. PE3 pontuou que *"os professores economistas conhecem com profundidade. Os demais não".* Quando perguntados sobre o que o currículo tem hoje de interessante e desinteressante, eles voltam a mostrar preocupação com o alinhamento da teoria com a prática. Masetto (2011) ressalta:

> [...] superando uma frase que é um slogan e que pode conter uma armadilha, que é: "Não faço isto por que eu não vou ficar a reboque do mercado, o mercado não tem que influir no que eu ensino". Eu também acho que a universidade não tem que ficar a reboque do mercado, mas eu não acho que a universidade pode desconsiderar o mercado, então tem que sair para ver as necessidades, o que está acontecendo nas outras áreas, as relações e as tecnologias que estão influenciando, etc. etc. Sair e entrar, voltar para cá, para então repensar esse currículo com essas necessidades atuais e com as novas experiências que estão propostas para essa área, então precisa de abertura para fazer esta passagem.

Essa é uma das formas que a Universidade deve utilizar, por meio dos seus docentes, e estes por meio de pesquisas, para estudar o Mercado, ver as suas necessidades, as relações e as tecnologias atuais. E num último passo, inserir todo esse novo conhecimento no novo currículo. Um desafio a ser enfrentado.

O professor PE2 ressaltou: "*há diferentes demandas em torno do curso de Economia, considerando as expectativas do aluno, as expectativas do mercado de trabalho (os empregadores) e a expectativa do MEC (e suas provas de avaliação)*". Ele explicitou-as da seguinte forma:

> *a) Os alunos têm como grande expectativa aprender algo operacional (quase treinamento) para usar no dia a dia no mercado de trabalho. A expectativa é que possam utilizar amanhã, no dia seguinte da aula. Ah! De preferência, essa formação não deve dar trabalho, deve ser conseguida sem muito sacrifício.*
> *b) Os empregadores desejam, na maioria dos casos, um profissional operacional, muitas vezes para questões simples, e não necessariamente uma formação analítica, com capacidade crítica. Exceto alguns casos.*
> *c) O MEC, por meio de suas avaliações de cursos, deseja uma formação estritamente teórica (estas têm sido as tônicas da prova do ENADE para Economia).*

Ele ressaltou que essa equação fica muito difícil de ser "ajustada" e corroboro com esse ponto de vista, que é um dos mais polêmicos da carreira do economista.

Quadro 15 – Parte B – Problemática e objetivos – Docentes economistas – Currículo

Qual a sua definição de currículo? O que o(a) professor(a) entende por um currículo inovador tomando-se por base o curso de Ciências Econômicas?
Um que se torne ecológico (**PE1**).
O currículo deve conseguir reunir um conjunto de saberes que forneça ao aluno uma boa formação conceitual, de forma sólida (não dá para ser um profissional com uma formação mediana com relação aos fundamentos e teorias). O currículo inovador é aquele que consegue fazer o aluno utilizar os conceitos e as teorias para análise de casos práticos, aplicados. Colocar o aluno para trabalhar. Se me permite uma divisão: primeiro momento, o professor transmite o conjunto de saberes fundamentais da teoria. Segundo momento, o professor auxilia os alunos a aplicar esses conhecimentos para analisar fatos reais da economia. Eu posso falar sobre várias teorias que associam mecanismos de combate à inflação, com desemprego, crescimento econômico, estímulo e investimentos. Se eu não colocar o aluno para analisar uma ou mais situações em que ele deva refletir sobre o tema e utilizar as interpretações teóricas para analisar os fatos, o aluno enxergará o conhecimento econômico como algo distante da realidade, que não se aplica ou algo do tipo (**PE2**).
Currículo é o conjunto de conhecimento básico necessário à formação de um economista, conhecimento este oriundo das temáticas ministradas pelos professores. Falar em inovação no curso de Economia é trabalhar com 50% da carga horária exigida, já que a outra parte é determinada pelas diretrizes curriculares. Além disso, o inovador hoje é carregar de horas as temáticas de cálculos para que o economista encontre espaço no mercado econômico. Não há mais espaço para o economista pensador. Contudo há uma discrepância neste momento, pois ao mesmo tempo em que o mercado exige um profissional melhor qualificado nas áreas de métodos quantitativos, os alunos que ingressam no curso têm uma dificuldade tremenda com "a tal da matemática" e, mais ainda, a interpretação de textos e de dados é sofrível (**PE3**).
Aliar prática e teoria. Prática: monografia, tarefa de identificação dos problemas econômicos na realidade como: práticas de monopólio, oligopólio, interpretar ata do COPOM (**PE4**).
Defino Currículo como sendo o conhecimento mínimo pelo qual o aluno deverá passar entre as diversas áreas das ciências econômicas. Estes conhecimentos devem estar atrelados às competências e saberes dos profissionais de economia. Creio que um Currículo inovador seria tornar o curso de Ciências Econômicas mais prático e menos teórico (**PE5**).
O que o(a) professor(a) conhece sobre o currículo do curso? Dê a sua opinião sobre ele.

Não (**PE1**).

Dado que acabamos de passar por uma revisão da grade curricular, como membro do colegiado e do NDE, tive que estudar tanto o currículo anterior quanto formular propostas para a nova estrutura curricular. A estrutura anterior não privilegiava a construção do conhecimento por grandes áreas de formação, não uma sequência que possibilitasse o encadeamento dos conteúdos de forma eficaz. A nova proposta propõe tornar o curso mais técnico e sua estrutura foi construída a partir de eixos de formação: matemático/estatísticos; microeconomia/economia de empresas/ tecnologia e inovação; macroeconomia/política e planejamento econômico, formação histórica/ desenvolvimento econômico/economia ambiental (**PE2**).

Os professores economistas sim, conhecem com profundidade. Os demais não (**PE3**).

Atendem ao currículo mínimo (**PE4**).

Acho o currículo dos cursos de Ciências Econômicas pouco voltado à prática. Ele é mais teórico (**PE5**).

O que o currículo do curso oferece de mais interessante e indispensável? Justifique.

Matérias básicas, porém desatualizadas (**PE1**).

N/A (**PE2**).

O currículo do curso oferece a temática de Econometria (teoria e prática em laboratório). Além disso, os alunos têm a possibilidade de desenvolver atividades de pesquisa no Observatório Econômico, que é extremamente dinâmico em suas atividades de pesquisa (**PE3**).

Embora a monografia conste do currículo mínimo, é indispensável. É o único item de ligação entre a teoria e a prática (**PE4**).

É indispensável a parte de Economia Política, História Econômica Geral e, principalmente, a Formação Econômica do Brasil e Economia Brasileira. Creio que essas disciplinas formam o conhecimento geral do aluno para o exercício profissional (**PE5**).

O que o currículo oferece e o(a) professor(a) considera desinteressante e/ou dispensável? Justifique.

Toda a parte de Economia Antiecológica (**PE1**).

N/A (**PE2**).

As temáticas dos módulos comuns aos demais cursos da faculdade (Contabilidade, Administração e Comércio Exterior). A organização do curso em dois anos comuns aos demais cursos prejudicou o aprofundamento das temáticas específicas de economia (**PE3**).

Contexto de marketing (**PE4**).

O curso de Ciências Econômicas é voltado mais às teorias. Deveriam ser mais práticos para se tornarem mais atrativos (**PE5**).

Fonte: elaborado pelo autor

No Quadro 16 temos a definição de currículo dada pelos docentes de formação diversa que participaram desta pesquisa. Observa-se novamente uma preocupação com o conteúdo do curso. Quando perguntados se conheciam o currículo do curso que lecionavam, em suas respostas nota-se que eles alinhavam o conceito de currículo com disciplina, dando a entender que conheciam as disciplinas do curso e, logo, o currículo. Somente PX1 afirmou não conhecer o currículo do curso.

Quando perguntados sobre o que o curso oferecia de mais interessante e indispensável, novamente nota-se uma grande preocupação com o conteúdo do curso.

Masetto (2003) identifica que o rol de disciplinas trabalhadas com os alunos permite a aquisição de conhecimentos indispensáveis para as formações pessoal e profissional. Porém, em sua análise, ele aponta que o aluno concluirá o curso superior com conhecimento totalmente fragmentado por disciplinas, que, a muito custo, será integrado durante o exercício de sua profissão.

Segundo o autor, uma forma de atenuar esse impasse efetiva-se com a utilização do currículo oculto, que reflete aquele que o docente faz acontecer em sala de aula e que, na maioria das vezes, nunca está de acordo com o prescrito, com o formal e com o que está documentado na secretaria. Ele explicita ainda que o currículo oculto reflete

> [...] conhecimentos atuais e emergentes que surgem, habilidades que os alunos desenvolvem conosco em sala de aula, valores que são discutidos e não estão nos nossos currículos colocados explicitamente. Como aparecem esses pontos de aprendizagem? Alguns professores relatam que, conforme avança a aula, esses aspectos vão surgindo e exigindo ser tratados, independentemente de estarem ou não expressos no Currículo (Masetto, 2003, p. 66-67).

Portanto, deduz-se que o docente não planeja propositalmente essas atividades, mas ele as realiza porque lhe "parecem interessantes". Em muitos casos isso reproduz o que muitos professores podem estar realmente executando em sala de aula.

Quadro 16 – Parte B – Problemática e objetivos – Docentes de formação diversa – Currículo

Qual a sua definição de currículo? O que o(a) professor(a) entende por um currículo inovador tomando-se por base o curso de Ciências Econômicas?

Um currículo que apresente temáticas atuais (**PX1**).

Um currículo que aborde os conceitos fundamentais da disciplina e que esteja alinhado com as necessidades atuais do mercado (**PX2**).

Atualização em Mercado Financeiro (**PX3**).

Conjunto integrado e sistêmico de conteúdos, de modo a atender satisfatoriamente o percurso formativo do graduando. Um currículo inovador certamente apresentará elementos próprios da contemporaneidade, sem os quais não se forma o profissional de maneira contextualizada com a realidade social em que se envolve (**PX4**).

Além das temáticas básicas (micro e macroeconomia), teorias econômicas, econometria, moeda, mercado de capitais, setor público etc., a condução para realizar pesquisas, bem como o olhar para a questão da sustentabilidade do planeta e a sensibilidade para a nova janela da "economia solidária", seriam pontos inovadores (**PX5**).

Currículo é toda a disposição de educadores e gestores na consecução dos processos de ensino e aprendizagem (**PX6**),

O que o(a) professor(a) conhece sobre o currículo do curso? Dê a sua opinião sobre ele.

Não conheço o currículo do curso. Fui convidada para ministrar aulas nele e assim estou (**PX1**).

Falta um pouco de alinhamento com as necessidades atuais do mercado (**PX2**).

Acho adequado ao curso na maioria das instituições que lecionei (**PX3**).

Conheço a matriz curricular bem como a sua composição em termos de carga horária. Pelas diretrizes curriculares vigentes, penso que contempla o que as entidades de classe e regulatórias exigem em termos de formação. Ademais, alguns elementos próprios da proposta institucional (como temáticas sobre sustentabilidade e cidadania, por exemplo), enriquecem a proposta curricular (**PX4**).

O currículo vigente da Umesp tem uma base comum voltada para a formação de profissionais na área de gestão (visão humanista e técnica de economia, sociologia, psicologia, teorias de gestão, instrumentos quantitativos) e com temáticas específicas para a área de Ciências Econômicas. Entendo como uma proposta equilibrada e positiva para os estudantes (**PX5**).

Não tenho detalhes, mas vejo-o a operar como módulos de pé quebrado, pois o magistério não trabalha sobre os módulos com tempo para pensar processos de aprendizagem, fazer avaliações e empreender ações de pesquisa e extensão (**PX6**).

O que o currículo do curso oferece de mais interessante e indispensável? Justifique.

Não sei (**PX1**).
Os conceitos fundamentais estão bem explorados (**PX2**).
Macro e Microeconomia (**PX3**).
Além do inegociável conteúdo específico para exercício da profissão de economista, penso que o currículo deve contemplar conteúdos que estimulem constante reflexão a respeito da estrutura social brasileira, de modo a termos esperança no tocante à formação de futuros profissionais que não se limitem a uma análise parcial do contexto que se apresenta (**PX4**).
Ferramentas quantitativas para o estudo e pesquisa, conceitos básicos das correntes do pensamento econômico e a linha histórica do desenvolvimento econômico. Ao mesmo tempo possibilita a realização de pesquisa. O conjunto temático não pode questionar a realidade (o sistema atual), concordando ou não com ele. Isso é indispensável (**PX5**).
Teorias e história, indispensáveis para construir o economista de uma sociedade sustentável (**PX6**).
O que o currículo oferece e o(a) professor(a) considera desinteressante e/ou dispensável? Justifique.
Não sei (**PX1**).
O curso me parece um pouco carregado demais em disciplinas técnicas que exigem conhecimento estatístico avançado que nem sempre é muito utilizado na prática profissional (**PX2**).
Nada (**PX3**).
Posto que o currículo é "enxuto", não há conteúdo "dispensável" (**PX4**).
O currículo está adequado. Poderia e deveria ser incorporado, de forma transversal, o estudo e debate sobre a sustentabilidade e a economia solidária (**PX5**).
O acréscimo indisciplinado de disciplinas ou módulos ao sabor de decalques internacionais, modas e traduções mal adaptadas. O inchaço de componentes, o que é um ato anticurricular (**PX6**).

Fonte: elaborado pelo autor

4.5 CURSO DE CIÊNCIAS ECONÔMICAS/CURRÍCULO

O Quadro 17 apresenta as respostas dos professores economistas sobre a resolução dedicada à estrutura de carga horária do curso. Nota-se uma preocupação do docente PE3 de que a resolução possa engessar o curso. Ele reforça o fato de as diretrizes ainda evidenciarem o "desejável caráter monográfico" e isso "nos tolhe em inovações".

É importante enfatizar que o docente PE5 retomou sua preocupação quanto às atividades práticas. Os alunos, comentou ele, *"deveriam realizar pesquisas de mercado"*, incluindo-se a "tabulação" e o relatório das pesquisas. Outras atividades seriam apresentar esses relatórios em seminários. Isso corrobora o pensamento de Demo (2003, p. 69), que diz que a "qualidade da profissão está mais no método de sua permanente renovação, do que em resultados repetidos" e indica a pesquisa no sentido de "[...] se interessar constantemente pelo conhecimento relativo à profissão, implicando busca de informação, leitura sistemática, acompanhamento das novidades etc.".

Quadro 17 – Parte B – Problemática e objetivos – Docentes economistas – curso de Ciências Econômicas/Currículo

Considerando que a resolução da Câmara de Educação Superior (CES) do Conselho Nacional de Educação (CNE) do Ministério da Educação, no parágrafo único do artigo 5º, garante tão somente às "Instituições de Educação Superior a liberdade para utilizar [...] 50% da carga horária dos seus cursos segundo os seus projetos pedagógicos, paradigmas teóricos preferenciais e peculiares regionais", em sua opinião, qual seria a estrutura para a carga horária? Ou qual a atividade?
Acho inútil (**PE1**).
N/A (**PE2**).
Nós temos que reforçar temáticas importantes, já fixadas pela própria diretriz com o intuito de melhor capacitar os alunos. Sobre o trabalho de curso, a estrutura da universidade não permite muitas alterações, o que resulta em orientações de 10 a 15 trabalhos por semestre/ por orientador. O fato de as diretrizes ainda evidenciarem o desejável caráter monográfico nos tolhe em inovações (**PE3**).
N/A (**PE4**).
As atividades deveriam ser mais voltadas à prática. Os alunos deveriam realizar pesquisas de mercado. Além disso, tabulação e análise das pesquisas. Elaborar relatórios, bem como seminários de apresentação (**PE5**).

Fonte: elaborado pelo autor

No Quadro 18 temos as respostas para a mesma questão dos docentes de formação diversa. Interessante notar que três professores preferiram não responder. Já os outros três docentes mostraram-se favoráveis à resolução:

1. O docente PX4 propôs práticas profissionais para levantamento do cenário local e suas demandas, com participação em projetos de extensão.

2. O docente PX5 disse que com essa margem legal de carga horária existe *"espaço suficiente"* para que cada IES organize o currículo de seu curso com sua *"marca e sua característica"*. Para ele, a atenção voltada para a questão regional é *"positiva e necessária"*, e ele reforça

dizendo que o curso deve *"fomentar a avaliação crítica da própria situação socioeconômica, apontando [...] caminhos para superação e melhoria da qualidade de vida das pessoas".*

3. Por sua vez, o docente PX6 descreveu que há um *"universo do saber econômico comum"* para trabalhar, por meio de projetos, *"a realidade, em nosso caso, metropolitana".* Ele ressaltou ser *"suficiente"* e acrescentou: *"creio que nem isso se faz comumente, porque trabalhar por projetos pedagógicos implica fazer alguma pesquisa".*

Do meu ponto de vista, ratifico a palavra desses três professores, entendendo que se temos a possibilidade de utilizar tal carga horária, por que não utilizá-la em proveito da sociedade por meio de atividades realizadas pelos alunos? Isso, sem dúvida, pode e deve permitir um desenvolvimento intelectual nos alunos, que deverão utilizar todas as disciplinas para enfrentarem esse desafio.

Quadro 18 – Parte B – Problemática e objetivos – Docentes de formação diversa – curso de Ciências Econômicas / Currículo

Considerando que a resolução da Câmara de Educação Superior (CES) do Conselho Nacional de Educação (CNE) do Ministério da Educação, no parágrafo único do artigo 5º, garante tão somente às "Instituições de Educação Superior a liberdade para utilizar [...] 50% da carga horária dos seus cursos segundo os seus projetos pedagógicos, paradigmas teóricos preferenciais e peculiares regionais", em sua opinião, qual seria a estrutura para a carga horária? Ou qual a atividade?
Não sei responder (**PX1**).
Sem resposta (**PX2**).
Não sei informar (**PX3**).
Práticas profissionais voltadas à descrição do cenário local, para levantamento de demandas próprias. Talvez até com participação em projetos de extensão, por exemplo (**PX4**).
Com essa margem legal existe espaço suficiente para cada IES organizar o currículo de seu curso com sua marca e sua característica. Entendo que a atenção com a questão regional é positiva e necessária. Além disso, o curso deve fomentar a avaliação crítica da própria situação socioeconômica, apontando indicações e caminhos para superação e melhoria da qualidade de vida das pessoas (**PX5**).
Algo similar ao que chamamos de Base Nacional Comum e Parte Diversificada. Há um universo do saber econômico comum e um campo para trabalhar por meio de projetos sobre a realidade, em nosso caso, metropolitano, ou do Grande ABC. Creio ser suficiente e creio que nem isso se faz comumente, porque trabalhar por projetos pedagógicos implica fazer alguma pesquisa (**PX6**).

Fonte: elaborado pelo autor

4.6 CURRÍCULO/INOVAÇÃO

O Quadro 19 traz a opinião dos docentes economistas sobre a necessidade de o currículo sofrer modificações. Todos os docentes economistas pesquisados eram favoráveis a modificações e preocupavam-se em mantê-lo atualizado. O professor PE5 enfatizou:

> *[...] o currículo precisaria ser repensado. Uma ordem que hoje a gente pode ter que pensar, está aí o pessoal da Psicologia fazendo, por exemplo, [...] um estudo sobre o comportamento compulsivo dos consumidores. Aí nós temos a Teoria do Consumidor e não falamos disso. Por que não juntar um pouquinho com Psicologia? É uma área. Eu não preciso ter um curso de Psicologia, mas é uma área, um estudo sobre esse tipo de comportamento. Como a Economia pode ajudar nesse sentido? Aí tem a Escola Neoclássica que diz que os consumidores são racionais [...] a ponto de saber e maximizar as suas satisfações, [...] as suas utilidades. Então vamos procurar isso. Como é que a gente consegue fazer isso na prática, sair da teoria? Vamos lá orientar na prática, por que não abrir isso com uma extensão, trazendo esses compulsivos para dentro da Universidade, estudando eles, e os economistas dando (o suporte): "Olha, não faz desse jeito, faz assim, vamos bolar isso, vamos bolar aquilo... Que tal você buscar um consumo alternativo [...] uma prática curricular. É um outro olhar.*

Ele ofereceu-nos um exemplo prático de como entender o mercado por meio de outras áreas do conhecimento e inserir essa prática nos currículos dos cursos, tanto no de Psicologia como no de Ciências Econômicas.

Isso instiga-nos a entender que devemos sair do recinto da Universidade, como nos adverte Masetto (2011), para refletirmos sobre tudo o que acontece na sociedade em termos de *"mudanças [...], necessidades atuais da população, mercado de trabalho, novas exigências das carreiras profissionais"* e, por fim, as *"representações e os contatos com a realidade"*. Ele ressalta que esse comportamento guiar-nos-á a *"compor a discussão e o repensar de um Currículo mais atualizado"*. Tal pensamento reflete uma pequena parte do que podemos chamar de inovação curricular. Nese ponto, entendo inovação como criatividade, tal como enfatiza a professora Regina Lúcia Giffoni Luz em suas aulas.

Masetto (2011) elucida-nos o que se entende como inovação curricular, e entre vários pontos cita os seguintes:

> a) Nova postura do professor, ele também um aprendiz, requalificado como profissional da educação e com um papel no processo de aprendizagem de intelectual transformador, crítico e emancipador; planejador de situações de aprendizagens; mediador e incentivador dos alunos em suas aprendizagens; trabalhando em equipe e em parceria com os alunos

e com seus colegas professores, superando o individualismo e a solidão reinantes na docência.

b) Nova postura do aluno: com atividades concretas e planejadas que lhe garantem e dele exigem participação, trabalho, pesquisa, dialogo e debate com outros colegas e com o professor, produção individual e coletiva de conhecimento, atuação na prática integrando nela os estudos teóricos, as habilidades e atitudes e valores a serem desenvolvidos, integração das várias áreas do conhecimento.

c) Revisão da metodologia e processo de avaliação para contemplar as novas propostas de aprendizagens.

d) Organização de atividades e disciplinas que assumem seu papel de componentes curriculares está presente com seus conteúdos e programações e função das aprendizagens necessárias à formação de um determinado profissional-cidadão.

O Quadro 20, com as respostas sobre o tema, porém com respostas de professores de formação diversa, também integra esta análise.

Quadro 19 – Parte B – Problemática e objetivos – Docentes economistas – Currículo/Inovação

Como está o Currículo em sua opinião? Ele precisa sofrer modificações em quê? Como? Quando?
Está desatualizado sim. Tornar-se ecológico imediatamente (**PE1**).
Acho que eu respondi essa questão na pergunta anterior. A grande modificação que foi proposta para começar a vigorar em 2015 procurou privilegiar o conhecimento teórico de forma mais intensa e construiu eixos de formação estruturantes para a formação do economista (**PE2**).
Ele deve sofrer, sim, alterações, tanto é que o NDE trabalhou um ano e meio para reformular o Projeto Pedagógico, que aguarda aprovação do Consun. Por que mudar? Era preciso reforçar as temáticas de cálculo e reorganizar o percurso de aprendizagem, que foi duramente afetado quando da formulação do atual projeto, que tem dois anos em comum com os demais cursos da faculdade. Além disso, há a necessidade do mercado em contratar economistas bons de cálculo, e a nota 2 no Enade nos fez construir um novo Projeto Pedagógico (**PE3**).
Precisa, mas não fugiremos do currículo mínimo. Precisaria ir mais além e isso implica em mais horas, software e terá mais custo (**PE4**).
Não creio que currículos com temáticas modulares sejam mais eficientes. Acredito que esses deveriam sofrer grandes modificações. Módulo não significa interdisciplinaridade. Os currículos deveriam passar por mudanças estruturais, no sentido de tornar as disciplinas mais práticas. Principalmente do segundo ano em diante (**PE5**).
Como se construiria um currículo capaz de atender às necessidades dos alunos e dos professores? Quais dificuldades ou desafios deveriam ser enfrentados? Quais as possibilidades?

Idem acima (**PE1**).

Difícil pergunta. Há várias variáveis envolvidas nessa questão. Vou procurar enumerá-las: 1. Hoje, eu diria que temos algumas demandas diferentes em relação ao curso de Economia e que é difícil atendê-las simultaneamente: o mercado de trabalho requer que a formação traga um profissional dinâmico, capaz de transitar por diversas áreas e capaz de solucionar problemas a curtíssimo prazo; o MEC e suas avaliações requerem uma formação bastante teórica, tomando por base as provas do Enade; Já os estudantes desejam um curso agradável, descontraído, e muitas vezes que não se choque com as deficiências de formação obtidas no ensino básico. Essa inter-relação é complexa e há diversas opiniões sobre ela. Eu julgo que uma formação sólida nos aspectos teóricos, na aplicação matemática e estatística, com boa capacidade histórico-analítica, possibilitará ao aluno desenvolver habilidades, flexibilidade e qualificações para atuar no mercado de trabalho. 2. Com relação à necessidade dos alunos, eles têm apresentado vários problemas de formação básica. Eu julgo fundamental haver cursos extracurriculares, se possível obrigatórios, para o aluno ampliar sua formação básica, especialmente em português e matemática. O curso de Economia tem uma carga horária bastante extensa, o que tem dificultado a retenção e a apreensão da atenção dos alunos. Nesses aspectos, o balanceamento entre os aspectos teóricos trabalhados e sua interpolação com atividades analíticas/práticas é o caminho. Há que se realizar o trabalho junto aos alunos, pontuando que sem esforço não há aprendizado. O guitarrista Joe Satriani, famoso entre os jovens e considerado um dos melhores do mundo, passa mais de seis horas estudando e repetindo uma única escala. Os jovens, que o vêm como o máximo, gênio da guitarra, têm que entender que sua habilidade foi conquistada com muito trabalho (não há gênios, há resultado de um intenso esforço). 3. Com relação aos professores, também há questões importantes. A primeira delas é conseguir envolver os professores na discussão e na construção do currículo, pois isso possibilitaria aos professores compreender como sua disciplina se encaixa no curso. Faz parte do planejamento do currículo, o planejamento da equipe de professores, pois a intensa rotação de professores pode prejudicar o curso e a execução do currículo, o que é ruim também para o professor. A ciência econômica é bastante complexa e extensa, embora acredite que poucos a enxerguem assim, e não é simples para um professor compreender os vários tópicos. Por isso acho importante conseguir fixar e manter os professores em disciplinas específicas, focadas nas respectivas habilidades e em seus conhecimentos. Como no Brasil, em especial nas universidades privadas, os professores são horistas, há sérias dificuldades em realizar esse encaixe e manter o número de horas dos professores. Do ponto de vista das possibilidades de serem implantadas há um conjunto de ações que julgo ser de difícil realização, pois requer uma formação suplementar aos alunos, acomodação dos professores e estrutura adequada (**PE2**)

Nossa, que tarefa árdua! Nós estamos vivenciando um momento em que especialistas são demandados enquanto generalistas são formados, já que os alunos estão com uma base de conhecimento cada vez pior, mas muito ruim mesmo. Além disso, temo que a profissão de economista desapareça por falta de valorização da profissão pelos órgãos de classe e por falta de conhecimento das pessoas acerca da profissão, embora também estejamos vivenciando uma mudança na profissão, pois a busca é por profissionais bons de cálculos e não mais por pessoas com uma ampla formação social e matemática (**PE3**).

> *Atender às necessidades dos alunos é difícil, porque ele só descobre o que interessa depois de ter feito. Professores sempre irão defender mais carga horária ou o tema que trabalha que gera mais carga horária. Dificuldades e desafios? O interesse pessoal ainda prevalece* (**PE4**).
>
> *Creio que um bom currículo de ciências econômicas deveria ser elaborado para um curso de cinco anos. O curso de Ciências Econômicas é diferente do curso de Administração ou Ciências Contábeis. Sabe-se que os cursos de Ciências Econômicas estão hoje formulados para 4 anos, para não perderem alunos para os demais cursos. No entanto, o curso deixou de ser prático, deixamos de formar um profissional analítico. Sugestão para o curso de cinco anos, sendo os dois primeiros anos voltados para disciplinas básicas elementares. Já o terceiro e o quarto ano, com disciplinas voltadas ao conhecimento específico do economista. O último ano, com trabalhos de pesquisas e disciplinas específicas de especialização do economista. Esse ano mais voltado à praticidade* (**PE5**).

Fonte: elaborado pelo autor

No Quadro 20 observa-se a resposta dos docentes de formação diversa para essa questão. A análise do Quadro 19 foi inserida nesse Quadro por entendê-la pertinente.

O professor PX1 foi o único docente que não soube responder à questão. Os outros docentes eram favoráveis a modificações relacionadas ao conteúdo, em busca de uma interdisciplinaridade. Novamente percebe-se que os docentes de formação diversa entendem o currículo como sinônimo de grade disciplinar.

Ressalto as palavras do professor PX5, que se posicionou de forma contrária à adotada pelo Núcleo Docente Estruturante (NDE) da Faculdade de Administração e Economia da Universidade pesquisada:

> *O NDE do curso de Economia apresentou uma nova matriz curricular para o curso, que será analisada pelo Conselho Universitário, focando uma adequação para a formação de profissional para o trabalho no mercado. A nova proposta concentra informações da área econômica, talvez não dando oportunidade para o contato com outras temáticas, como o currículo vigente proporciona. Em um futuro em que se busca a interdisciplinaridade, temas transversais, ampliação de enfoques, a proposta demonstra um direcionamento e foco quase exclusivos em Economia.*

Em outras palavras, entende-se que, se aprovado o novo currículo, o profissional economista formado deverá ter o embasamento econômico voltado para o mercado. Dowbor (2014), em sua entrevista exclusiva a mim, comentou que há um *"terceiro eixo que torna muito difícil a gente trabalhar com os currículos atuais, que é a financeirização da economia"*. Esse é o receio do professor PX5 quando alertou que *"em um futuro em que se busca a interdisciplinaridade, temas transversais, ampliação de enfoques, a proposta* [do currículo que deverá ser submetido à aprovação] *demonstra um direcionamento e foco quase exclusivos em Economia".* Por sua vez, Dowbor (2014) alega que

> *[...] a corrida que estamos fazendo hoje, através dos vários autores citados de pesquisa, como o próprio The Economist, os estudos de Thomas Piketty[15], sobre a bola de neve de desigualdade que o sistema financeiro gera, as diversas pesquisas sobre os impactos ambientais das grandes corporações, tudo isso está configurando um novo planeta, digamos assim, que passou a funcionar de maneira diferente e, a meu ver, a função dos professores é, sim, estudar História Econômica, sem dúvida, estudar as grandes doutrinas econômicas, mas vinculando à realidade daqueles tempos porque você puxar as ferramentas de análise do antigo e tentar interpretar o novo, você não está fazendo a lição de casa. Nós temos que resgatar os dados empíricos da nova realidade e reconstruir, na linha, por exemplo, do Piketty, as visões teóricas que correspondam a essa nova realidade.*

Assim, diante do exposto, surge uma reflexão: os professores estão realmente prontos para esse novo mundo, isto é, lidar com essa nova realidade? Para tanto, há que se cuidar da formação inicial e continuada dos professores. Assim, voltamos à questão do currículo.

Quadro 20 – Parte B – Problemática e objetivos – Docentes de formação diversa – Currículo/Inovação

Como está o currículo em sua opinião? Ele precisa sofrer modificações em quê? Como? Quando?
Não conheço, então não sei responder (**PX1**). *Precisa estar mais alinhado com as necessidades regionais* (**PX2**). *Está bom. Somente as atualizações* (**PX3**).

---

[15] Lembramos que Thomas Piketty é um economista francês, professor na Escola de Economia de Paris. Ele se destacou com o lançamento do livro *O Capital no Século 21*, publicado em 2014 pela Editora Intrínseca.

Dada a minha formação, penso que o currículo, enquanto parte do processo pedagógico, precisa de atualização/atenção constante. Não deve se configurar enquanto documento "estanque", posto que o compromisso para formação profissional é um desafio dinâmico (**PX4**).

O NDE (Núcleo Docente Estruturante) do curso de Economia apresentou uma nova matriz curricular para o curso, que será analisada pelo Conselho Universitário, focando uma adequação para a formação de profissional para o trabalho no mercado. A nova proposta concentra informações da área econômica, talvez não dando oportunidade para o contato com outras temáticas, como o currículo vigente proporciona. Em um futuro em que se busca a interdisciplinaridade, temas transversais, ampliação de enfoques, a proposta demonstra um direcionamento e foco quase exclusivo em economia (**PX5**).

Os currículos exigem, em todo o mundo, revoluções. Nova relação entre propostas de grade e escolha livre do estudante; trabalhos por projeto com o possível de pesquisa e extensão de serviços à comunidade; contínua avaliação do processo de aprendizagem e das novas exigências sociais; aprofundamento de relações entre currículo, PDI e PPI, com intensa participação de todos os sujeitos do processo educativo (**PX6**).

Como se construiria um currículo capaz de atender às necessidades dos alunos e dos professores? Quais dificuldades ou desafios deveriam ser enfrentados? Quais as possibilidades?

Não sei (**PX1**).

Incluir disciplinas que estejam ligadas à prática profissional e às necessidades regionais. Os trabalhos de conclusão deveriam ser realizados em empresas e órgãos públicos regionais com o apoio deles atendendo suas necessidades específicas. Explorar mais o Observatório Econômico, incentivando a participação dos alunos nele. Incentivar os projetos de iniciação científica e elaboração de planos de negócio (**PX2**).

Depende muito da Instituição, mas deve-se partir das necessidades do aluno. A dificuldade é construir um bom profissional a partir do que recebemos. Temos todas as possibilidades, é só querer (**PX3**).

O cenário ideal seria a construção coletiva e participativa (direção da IES, docentes e alunos). Entretanto o cenário também é utópico, haja vista a questão dos prazos, das formalidades, dos custos que resultam na formação do preço da mensalidade etc. Ou seja, menos vínculo a dispositivos legais e mais referência na realidade local, em que o curso será oferecido. Assim, vislumbram-se verdadeira formação e transformação social (**PX4**).

Valem aqui as observações escritas no ponto anterior (**PX5**).

Creio ter respondido. Se currículo não é matriz, nem grade, nem conjunto de "conteúdos", então se trata de construir processos de ensinagem: ensino/aprendizagem, com sujeitos múltiplos e intensa observação das realidades social, econômica, política e cultural (**PX6**).

Fonte: elaborado pelo autor

4.7 PRÁTICA PEDAGÓGICA

No Quadro 21 vemos as respostas dos docentes economistas sobre como eles trabalhavam a sua disciplina. A maior parte usava a aula expositiva, com a preocupação de amarrar conteúdo com prática.

Quando mudamos a ênfase no ensino pela ênfase na aprendizagem (Masetto, 2003, p. 79-107) começamos a trabalhar nesse sentido levantado pelos professores pesquisados. Assim, devemos ressaltar que essa prática nada mais é do que a realidade do mundo do trabalho que o professor deve pesquisar, num primeiro plano, para demonstração em sala de aula.

Um dos pontos-chave desse processo ensino-aprendizagem é integrá-lo a essa atividade de pesquisa, tanto do aluno como do professor. Demo (2003, p. 67) reforça que nesse processo de "pesquisa está o genuíno contato pedagógico" e, portanto, deve estar incluído na Universidade desde o primeiro semestre. E continua: "[...] ao mesmo tempo, solidifica-se a pesquisa como razão central de ser da universidade, além de ser a base de transformação de mero ensino em educação. Esta educação será tanto mais emancipatória, quanto mais se escudar no questionamento reconstrutivo" (Demo, 2003, p. 67).

Entre as dificuldades enfrentadas, os professores apontaram a formação básica com que os alunos chegam ao ensino superior (falta de leitura, má interpretação de texto e noções mínimas de matemática são algumas das deficiências apontadas). E eles afirmaram que uma melhor formação básica do aluno ingressante, bem como salas de aula menos numerosas, facilitariam o trabalho docente.

Todos defenderam a interdisciplinaridade como caminho mais viável: *"Em economia não é possível que haja uma disciplina que caminhe sozinha. Todas as esferas de conhecimento econômico são interligadas, assim como em qualquer outra ciência humana"* (PE2).

O professor PE3, posicionando-se a respeito da fala do professor e falando da importância que tem a sua disciplina na vida do economista, disse: *"Não tenho certeza que todos façam isso"*.

Quadro 21 – Parte B – Problemática e objetivos – Docentes economistas – Prática pedagógica

Como o(a) professor(a) trabalha a sua disciplina?
De acordo com o que acredito (**PE1**).
Tenho procurado, especialmente, amarrar os aspectos teóricos à avaliação de casos práticos e atuais. A política dos EUA de proibir a exportação de petróleo é uma típica ação sintonizada com os pressupostos da escola mercantilista, não é? São essas amarrações que procuro fazer; também em microeconomia, econometria e setor público (**PE2**).
Eu prefiro ministrar aulas no modelo tradicional, pois percebo maior aceitação por parte dos alunos e entendimento também. Faço uso de tecnologias como Power Point, vídeos, questionários eletrônicos, sempre como ferramentas. Ainda passo pelos corredores corrigindo exercícios, que geralmente são aplicados após exposição teórica (**PE3**). *Orientação mão na mão, ou seja, tem que pegar o papel e escrever para o aluno porque eles não têm esse hábito* (**PE4**),
Aulas expositivas, explicativas e dialogadas (**PE5**).
Quais as dificuldades enfrentadas?
Ignorância dos alunos (**PE1**).
A principal delas tem sido a formação básica de má qualidade dos alunos. Embora alguns professores relatem questões de indisciplina, falta de atenção dos alunos, eu diria que tenho conseguido trabalhar sem grandes problemas nesses quesitos. O aluno tem se mostrado muito inseguro e não consegue desenvolver uma ideia ou um argumento que acabou de explicar. Essa, para mim, é uma grande dificuldade "cruel", pois ao se formarem terão de refletir de forma independente e conseguir sustentar suas análises (**PE2**).
A falta de leitura por grande parte dos alunos, o que os impede de interpretar textos e questões de forma adequada, além do excessivo número de horas que os alunos trabalham e que demoram para ir e vir do trabalho. Penso que o excesso de informações e os meios de comunicação instantânea, além de exigirem atenção o tempo todo dos alunos, os dispersam das aulas e de seus estudos individuais. Dificilmente ouvimos os alunos comentarem que foram dormir mais tarde ou que acordaram mais cedo para estudar. Tenho a sensação de que para a grande maioria, o estudar se resume a assistir às aulas, mas sem se desligar do mundo lá fora (**PE3**),
Os alunos estão acostumados a sempre ter uma solução favorável, então o interesse não existe (**PE4**).
Entreter o aluno com atenção à aula. Os alunos estão vinculados aos celulares e redes sociais, que ganham cada vez mais espaço na sala de aula (**PE5**).
O que facilitaria o seu trabalho?
Melhor formação cultural dos alunos (**PE1**).
Ter mais tempo para preparar as aulas, o que, no sistema horista, não é possível. Também ter um suporte para melhorar a formação básica dos alunos. Ter um número maior de aulas também facilitaria, mas essa é uma restrição imposta pela organização, os dias letivos (**PE2**).
Alunos melhor preparados e mais tempo para dedicação à construção das aulas, pois coordenação e docência parecem ser incompatíveis (**PE3**).

Poucos alunos. 1/4 do que existe hoje já é um começo (**PE4**).
O compromisso dos alunos (**PE5**).
Há ligação entre a sua disciplina e as outras do processo pedagógico? Como é feita?
N/A (**PE1**).
Em Economia não é possível que haja uma disciplina que caminhe sozinha. Todas as esferas de conhecimento econômico são interligadas, assim como em qualquer outra ciência humana. Procuro fazer isso especialmente amarrando os meus tópicos de aula ao tópico que está sendo apresentado pelo outro professor no mesmo semestre, o que já foi trabalhado em disciplinas anteriores do currículo. Para isso é importante ter bastante conhecimento da grade curricular nos semestres anteriores (**PE2**).
Sim, nós trabalhamos no sistema modular, mas que, na verdade, deveria ser "agrupamento de disciplinas" (**PE3**).
Monografia sintetiza o projeto (**PE4**).
Sim, creio que as ligações são feitas por conta das atividades modulares (**PE5**).
O(A) professor(a) mostra a importância da sua disciplina para a vida do economista? Como?
N/A (**PE1**).
Procurando mostrar a aplicação dos conhecimentos na interpretação da economia, tanto na macroeconomia quanto na microeconomia (**PE2**).
Não tenho certeza de que todos fazem isso (**PE3**).
Acontece de modo natural à medida que avança no conteúdo (**PE4**).
Frequentemente. Utilizo o exemplo como a forma da relação (**PE5**).

Fonte: elaborado pelo autor

O Quadro 22 traz as reflexões às mesmas questões dos docentes de formação diversa. Aulas expositivas e exercícios foram ferramentas apontadas como as utilizadas pelos docentes para trabalhar sua disciplina. PX4 e PX5 afirmaram não encontrar nenhuma dificuldade no seu dia a dia docente. Falta de maturidade e interesse foram alguns dos problemas citados por alguns docentes.

Perguntados sobre o que facilitaria seu trabalho, os docentes de formação diversa postularam sobre motivação dos alunos, apoio para pesquisas realizadas em conjunto com os estudantes, boa base de leitura e conhecimentos matemáticos do educando, além de uma educação autônoma e salas menos numerosas. Todos defenderam a interdisciplinaridade e disseram que em suas aulas mostravam a importância da sua disciplina para a vida do profissional economista.

Nesse ponto, é necessário trazer Freire (2000, p. 29) para apontar a importância do "papel do educador", isto é, "faz parte de sua tarefa docente não apenas ensinar os conteúdos mas também ensinar a pensar certo". Devemos, portanto, ter o cuidado de não "amesquinhar o que há de fundamentalmente humano no exercício educativo, isto é, o seu caráter formador", quando transformamos a "experiência educativa em puro treinamento técnico" (p. 37).

Quadro 22 – Parte B – Problemática e objetivos – Docentes de formação diversa – Prática pedagógica

Como o(a) professor(a) trabalha a sua disciplina?
Com teoria x prática de modo didático, vídeos, estudo de caso, exemplos do cotidiano e discussões em sala de aula (**PX1**).
Aulas expositivas, exercícios e leitura de artigos técnicos e científicos (**PX2**).
Explico a teoria na prática. Exercícios (**PX3**).
Basicamente de modo expositivo, posto que o conteúdo é teórico. Esporadicamente, a discussão (em grupos) de casos/situações reais para "aplicação" das temáticas apresentadas (**PX4**).
Com discussão contínua de textos previamente lidos e com atividades em grupos, sempre formados por diferentes pessoas em cada estudo de caso. Debate em plenária, com a monitoria feita pelo docente (**PX5**).
Prejudicada em parte. No entanto no mestrado dialogo todo o tempo com os alunos sobre situações concretas (não cases) e propostas questionadoras em educação buscando posicionamento e incremento de estudos e leituras (**PX6**).
Quais as dificuldades enfrentadas?
Alunos sem maturidade (**PX1**).
Falta de interesse dos alunos (**PX2**).
Cálculos e alguns entendimentos por falta de leitura (**PX3**).
Interesse a partir de leitura prévia (**PX4**).
Nada que seja relevante (**PX5**).
Não as sinto. Nesse nível, basta um alto estímulo intelectual e eles caminham muito bem (**PX6**).
O que facilitaria o seu trabalho?
Já considero o meu trabalho fácil. O que dificulta são os alunos conversando o tempo todo e muitos desmotivados (**PX1**).
Apoio para a realização de pesquisas em conjunto com os alunos (**PX2**).
Boa base na matemática e leitura (**PX3**).
Formação anterior com destacado hábito de leitura (**PX4**).

Manutenção de turmas com número de alunos em quantidade abaixo de 60 (**PX5**).
A experiência longa e a perspectiva de uma educação autonomizante (**PX6**).
Há ligação entre a sua disciplina e as outras do processo pedagógico? Como é feita?
A questão ambiental e a economia têm ligações diretas, mas quanto ao curso não sei dizer ao certo em quais módulos ela ligaria (**PX1**),
Existe a ligação que é feita pela estrutura modular do curso e também no trabalho de conclusão de curso (**PX2**).
Não sei responder (**PX3**).
Há integração, com destaque para os temas do mesmo período. Na prática há avaliações feitas por instrumento construído pelos diferentes professores (em conjunto) (**PX4**).
Dentro do módulo, a comunicação entre os três docentes ocorre de forma contínua, integrando-se as temáticas tratadas, tanto no ensino como na avaliação (**PX5**).
Há bastante integração e diálogo, pois 90% dos mestrandos em Administração se destinam ao magistério nas faculdades e universidades jovens (**PX6**).
O(A) professor(a) mostra a importância da sua disciplina para a vida do economista? Como?
Em todas as aulas. Mostro por meio de reportagens atuais a necessidade de profissionais da economia cada vez com mais conhecimentos em gestão ambiental (**PX1**).
Sim, por meio da discussão de temas atuais ligados com a prática empresarial (**PX2**).
Sim. Exemplificando e/ou mostrando os acontecimentos e sua utilização (**PX3**).
Ao ministrar Teorias da Administração, registro, desde o início, que é difícil imaginar a atuação profissional do economista "alheio" ao contexto organizacional, posto que tal cenário é próprio da discussão de ordem econômica (**PX4**).
A ligação da temática estudada com a vida das pessoas, seja para o convívio social ou para o desempenho profissional, é direta, e sua importância sempre valorizada, principalmente nos debates ocorridos em sala de aula e nos estudos de casos ou discussão de textos (**PX5**).
Sim, para a vida do economista e do administrador, ou do economista com interesse em educar. Dialogo sistematicamente com os temas da economia e da administração (**PX6**).

Fonte: elaborado pelo autor

4.8 CURSO DE CIÊNCIAS ECONÔMICAS/CURRÍCULO/INOVAÇÃO

No Quadro 23 fica claro que todos os docentes economistas demonstraram entusiasmo em participar da elaboração do currículo do curso de Ciências Econômicas. Saliento, no entanto, a fala do professor PE2, que detalhou o seguinte:

> [...] temos visto uma "febre" por reformulações curriculares. De tempos em tempos os mesmos são alterados, e muitas vezes intensamente. Pode ser que os principais problemas não estejam na estrutura do currículo, que, repito, precisa ser forte, mas na forma e na equipe que trabalha esse currículo.

Segundo ele, um dos principais problemas encontrados é a forma como a equipe de professores trabalha o currículo. Em outras palavras, eles deixam a desejar, isto é, não oferecem ao aluno a oportunidade plena do que o currículo encerra. Isso, com certeza, poderia ser evitado se, como recomenda Freire (2000, p. 109), "quanto mais solidariedade exista entre o educador e educandos no 'trato' deste espaço, tanto mais possibilidades de aprendizagem democrática se abrem na escola".

Quadro 23 – Parte B – Problemática e objetivos – Docentes economistas – curso de Ciências Econômicas/Currículo/Inovação

O(a) professor(a) conhece e gostaria de participar da elaboração do currículo do curso de Ciências Econômicas? Que sugestões o(a) professor(a) ofereceria?
Sim. Idem ao item 7 (**PE1**).
Sim. Acabei de passar um processo de reformulação curricular. Aliás, dois: na Metodista, no qual estive diretamente envolvido, e na USCS, onde acompanhei apenas o processo. Nesse sentido, sem dúvida é fundamental alterarmos e construirmos um currículo forte, sólido. Entretanto temos visto uma "febre" por reformulações curriculares. De tempos em tempos eles são alterados, e muitas vezes intensamente. Pode ser que os principais problemas não estejam na estrutura do currículo, que, repito, precisa ser forte, mas na forma e na equipe que trabalha esse currículo (**PE2**).
Sim. Como coordenadora do curso eu presido no NDE (Núcleo Docente Estruturante) e trabalho em um grupo muito coeso para a construção de um novo Projeto Pedagógico (**PE3**).[16]
Gostaria de participar começando com a sugestão da integração teoria-prática em todas as disciplinas. Aliás, esta é outra sugestão: disciplina (**PE4**).
Não tenho conhecimento profundo. Mas gostaria de participar (**PE5**).

Fonte: elaborado pelo autor

No Quadro 24 percebe-se que os docentes de formação diversa também mostraram interesse em participar do processo de elaboração do currículo, apresentando em suas respostas como poderiam contribuir e mesmo sugerindo ideias. Mas percebe-se que entendem o currículo como grande disciplinar.

---

[16] O professor PE3, como salientado anteriormente, atualmente é o coordenador do curso de Ciências Econômicas na Universidade pesquisada.

Algumas das considerações dos professores entrevistados para reflexão e que deveriam ser levadas ao Núcleo Docente Estruturante (NDE) do curso para discussão:

> a) [...] poderia, sim, ajudar, se convidada (**PX1**).
> As reuniões para elaboração do currículo deveriam contar [...] com profissionais de destaque ligados à prática profissional, órgãos de classe etc. Todas as reuniões deveriam ser remuneradas (**PX2**).
> b) [...] inserir mais prática (**PX3**).
> c) [...] o interesse é constante, pois poderia contribuir no sentido de propor conteúdos que destacassem a relação entre Economia e Administração, por exemplo (**PX4**).
> d) [...] conheço tanto a matriz curricular atual como a nova que está sendo proposta para avaliação do Conselho Universitário. Mesmo que pese na decisão a intenção de trabalhar com temáticas que preparem os alunos para uma suposta demanda de mercado, penso que a formação do economista, sem descuidar dos temas e ferramentas centrais indispensáveis, deveria contemplar temas transversais, temáticas de formação geral, a delicada questão da sustentabilidade futura do planeta e a economia solidária (**PX5**).
> e) [...] trabalhar por problemas e projetos; realizar acompanhamento e avaliação sistemáticos; criar grupos de trabalhos associados à pós-graduação (**PX6**).

Masetto (2011) enfatiza que num *"projeto inovador, nós precisamos encontrar um caminho para sensibilizar, integrar um número, o maior possível, dos professores para essa nova proposta. Isto é chave"*.

Em outras palavras, todos os professores que fazem parte de um curso ou departamento numa instituição de ensino e demonstram vontade de participar da construção/elaboração de um currículo, devem ser convidados pela coordenação do curso. O intuito é conseguir o maior número de opiniões direcionadas para a formação de um novo currículo. Note-se que os professores pesquisados exerceram o seu direito de opinar.

Quadro 24 – Parte B – Problemática e objetivos – Docentes de formação diversa curso de Ciências Econômicas/Currículo

O(A) professor(a) conhece e gostaria de participar da elaboração do currículo do curso de Ciências Econômicas? Que sugestões o(a) professor(a) ofereceria?
Não conheço, mas poderia, sim, ajudar, se convidada (**PX1**).

> *Gostaria de participar. As reuniões para elaboração do currículo deveriam contar, além dos professores e coordenadores, com profissionais de destaque ligados à prática profissional, órgãos de classe etc. Todas as reuniões deveriam ser remuneradas* (**PX2**).
>
> *Atualmente não. Mais prática* (**PX3**).
>
> *No momento atual teria dificuldade em participar pelo acúmulo de atividades assumidas anteriormente. Entretanto o interesse é constante, pois poderia contribuir no sentido de propor conteúdos que destacassem a relação entre Economia e Administração, por exemplo* (**PX4**).
>
> *Conheço tanto a matriz curricular atual como a nova que está sendo proposta para avaliação do Conselho Universitário. Mesmo que pese na decisão a intenção de trabalhar com temáticas que preparem os alunos para uma suposta demanda de mercado, penso que a formação do economista, sem descuidar dos temas e ferramentas centrais indispensáveis, deveria contemplar temas transversais, temáticas de formação geral, a delicada questão da sustentabilidade futura do planeta e a economia solidária* (**PX5**).
>
> *Sim, trabalhar por problemas e projetos; realizar acompanhamento e avaliação sistemáticos; criar grupos de trabalhos associados à pós-graduação* (**PX6**).

Fonte: elaborado pelo autor

Não se trata, aqui, de estabelecer uma receita, mas trazer uma síntese lançando um olhar sobre o curso de Ciências Econômicas em termos de currículo e prática docente:

- Currículo
  - O currículo é um projeto que reflete todo o arcabouço de um determinado curso. Ele deve conter, além do nome do curso, a justificativa para formar esse profissional; quais os requisitos necessários desse profissional no mercado de trabalho; quais os objetivos geral e específicos dessa formação, quais as disciplinas básicas e específicas para que essa formação aconteça: essas deverão conter a ementa, que contempla um resumo do que deve ser ministrado, a profundidade com que esses conteúdos serão apresentados e a bibliografia básica; a formação específica de seus docentes; quais os saberes e as competências necessárias desses docentes; deve indicar, também, qual será o saber do egresso desse curso que deve abranger todo o perfil do profissional do mercado. Assim, elenco a seguir as principais etapas que, do meu ponto de vista, são necessárias para a elaboração um currículo inovador de Ciências Econômicas. Ressalto que isso reflete o produto de ter vivenciado uma grande parte desse

processo na Universidade pesquisada, tanto como professor e membro do colegiado de Ciências Econômicas como membro do Conselho Universitário na Câmara de Educação.

- Um primeiro passo foi o de reunir o maior número possível de professores, chamando-os, e mesmo convencendo-os, sensibilizando-os a participarem de uma nova tarefa: a construção/elaboração de um currículo inovador para o curso de Ciências Econômicas. A reunião ficou marcada para durar uma hora, não mais, pois ao finalizá-la cada professor iria para a sua sala de aula.
- Num rol de atividades diárias, a nossa primeira atividade foi iniciar conversas sobre como contemplávamos o profissional economista; verificar o que o mercado de trabalho desejava desse profissional; averiguar as disciplinas necessárias para a formação desse profissional.
- Na continuação, elaborar as ementas das disciplinas; verificar a bibliografia mais moderna tomando como base o currículo anterior; entender qual era o projeto da Universidade quanto a esse novo profissional exigido pelo mercado; quais as competências e os saberes dos professores que fossem ministrar as aulas; qual o grau de exigência deveria ser imposto ao aluno.
- Quanto a saberes e competências: esse foi um item difícil de ser abordado, porém chegamos a uma conclusão:
  - Saberes – nosso veredicto foi decidir por docentes que mesmo não sendo economistas, soubessem o papel destes na sociedade e qual é o nível de exigência do mercado para esse profissional. Esse docente deveria ser profissional de mercado e um acadêmico por afinidade, que soubesse transitar pela interdisciplinaridade, entendendo-a como interface com outras disciplinas.
  - Competências – como competências entendíamos que o docente deveria ser representante de uma ciência (qualquer que fosse a sua disciplina), mas que ao entrar na sala de aula, entrasse como mediador entre o aluno e o seu processo de aprendizagem.

Esse currículo foi aprovado no Conselho Universitário e houve, sim, uma melhora sensível no curso, no entanto outros professores foram incorporados ao quadro enquanto outros deixaram o curso, o que provocou uma quebra na qualidade.

Hoje, um novo currículo está sendo aprovado de acordo com as pesquisas realizadas, e um dos professores pesquisados – PX5 – advertiu:

> Conheço tanto a matriz curricular atual como a nova que está sendo proposta para avaliação do Conselho Universitário. Mesmo que pese na decisão a intenção de trabalhar com temáticas que preparem os alunos para uma suposta demanda de mercado, penso que a formação do economista, sem descuidar dos temas e ferramentas centrais indispensáveis, deveria contemplar temas transversais, temáticas de formação geral, a delicada questão da sustentabilidade futura do planeta e a economia solidária.

Em outras palavras, é necessário que as profissões abram-se para uma linha da *"interprofissionalidade"* (Masetto, 2011) que vai além da interdisciplinaridade, uma vez que ela coloca-se apenas na área do conhecimento. É necessário que, assim como as profissões, os currículos dos cursos também passem por uma metamorfose, o que permitirá a formação de um profissional com uma nova visão de mundo, conceitos, não raro, desconsiderados pela cultura das instituições de ensino.

UMA REFLEXÃO A PARTIR DOS DADOS COLETADOS

Com o intuito de situar os dados coletados nesta pesquisa, trazemos Brito (2009, p. 244), que nos revela a importância da cultura sinalizando para uma "tríplice significação":

> [...] a necessidade de uma escola [instituição de ensino] ressignificada, capaz de formar, inovadoramente, na cultura da organização escolar, por meio da cultura historicamente acumulada privilegiada na organização escolar e nos desenhos curriculares voltados para a cultura humana.

Assim, devemos entender que a cultura faz parte de tudo o que esta pesquisa encerra. Brito (2009, p. 246) ainda nos demonstra que todas as áreas de uma instituição escolar se "ocupam do elemento humano", pois se entende que com "relação a comunidade educativa, todos são educadores e aprendizes e o ser humano é a finalidade última do processo de produção pedagógica".

Para tanto, a autora alerta-nos da necessidade de "paixão, uma vez que esse sentimento é a força motriz capaz de realizar os desejos para a concretização da finalidade primeira e última da escola [instituição de ensino]: o aluno educado" (Brito, 2009, p. 248).

Outro componente que devemos repensar é a formação e a própria atuação docente frente a "mudança e inovação educacional". Acredito, como Brito (2011, p. 20), que a formação de professores "[...] é entendida em um processo continuo envolvendo a formação inicial e continuada, tendo como objetivo o desenvolvimento profissional e pessoal dos educadores".

Por outro lado, entendo, também, conforme expõe Brito (2011, p. 10-20), as "várias possibilidades e dificuldades" percebidas na atuação do educador quando concebemos "antigas e novas demandas educacionais", o que, quase sempre, "implica na revisão e na reconcepção dos papéis usualmente considerados".

Em entrevista concedida a mim[17], o Prof. Dr. Ladislau Dowbor propôs uma importante reflexão sobre o que é ensinado hoje nos cursos de Ciências Econômicas. Ele afirmou que, infelizmente, o que hoje é ensinado não fornece instrumentos *"adequados ao aluno para entender a realidade econômica"* (Dowbor, 2014) e que se o professor não dominar os instrumentos e as ferramentas econômicas em sua interpretação da realidade, passa simplesmente a reproduzir os manuais em sala de aula, o que dificulta ao aluno enxergar esse conteúdo como uma coisa só, pois começa a ver a realidade muito fragmentada e distante de seu dia a dia.

Como pudemos ver na análise dos dados coletados, os docentes com formação diversa estão extremamente presos ao conteúdo de suas disciplinas, provocando um distanciamento do conhecimento teórico da realidade de mercado. Dowbor (2014) postula que o *"conhecimento, tecnologia"*, hoje, tornaram-se o principal fator de produção e explicita:

> *[...] é um fator de produção imaterial cujo uso não reduz estoque. Eu tenho uma ideia, eu lhe passo e continuo com a ideia. Se eu passo o meu relógio, produção fabril, do século passado, eu deixo de ter o meu relógio, bem rival. O conhecimento não é um bem rival. [...] Quanto mais se usa o conhecimento mais se dissemina, mais ele se multiplica.*

Devemos entender que com isso houve realmente uma transformação, o deslocamento do modo de produção *"[...] baseado essencialmente em bens físicos, trabalho físico, para uma Economia do Conhecimento, que exige um conjunto de novos paradigmas nos quais estamos penetrando apenas agora!"* (Dowbor, 2014).

Entre as várias obras que apontam para essa transformação, Dowbor destaca as seguintes: *Governing the commons* (Gestão dos bens comuns), de Elinor Ostrom, Prêmio Nobel em 2009; livros como o de Lawrence Lessig; *O imaterial – Conhecimento, valor e capital*, de André Gorz; *A era do acesso*, de Jeremy Rifkin.

Todas elas focam para a nova linha de análise da Economia, que é baseada no chamado *knowledge comments*. Dowbor ressalta que ainda tem um *"terceiro eixo, que torna muito difícil a gente trabalhar com os currículos atuais"* que é a *"financeirização da economia"*.

Devido a tudo isso, o professor tem muita dificuldade, já que ele

---

[17] Entrevista concedida no dia 22 de outubro de 2014.

> *[...] não recebeu formação praticamente em nenhum dos grandes eixos de financeirização, os sistemas de globalização, a nova economia do conhecimento, o estudo de sistemas colaborativos. Nós temos eixos, digamos, que nos permitem avançar nisso; por exemplo, a Economia Institucional que junta bastante a dimensão da gestão, a dimensão política e a dimensão da própria economia. Nós temos nas mais variadas áreas da teoria econômica, a gente usa as partículas neo ou pós, então você tem os pós-institucionalistas, você tem os neokeynesianos, você tem os neoliberalismos, porque são heranças passadas que, como não se ajustam, a gente agrega, digamos. É como você pegar uma camisa; a criança cresceu, você aumenta a manga, põe um "pós", às vezes, é um pós-neo-keynesianismo* (Dowbor, 2014).

À medida que vai surgindo uma nova modalidade de análise econômica, digamos que nós vamos costurando a camisa da economia com novos prefixos como "neo", "pós", entre outros. Dowbor (2014) identifica-se como um estudioso na linha da democracia econômica, ou seja, *"não basta de um lado a economia funcionar como quer e do outro lado a gente colocar...,"* isto é, temos o *"direito de eleger os políticos"*, a *"própria economia tem de ser democratizada"*.

Thomas Piketty, em sua obra *O capital no século XXI*, ajuda muito na compreensão da distinção de como a *"Financeirização gera uma bola de neve de desigualdade"*. Porém, quando nos aproximamos do professor e do aluno, ressalta Dowbor (2014), nós contamos com novos desafios:

> *[...] eu acho que tanto os alunos como os professores estão desafiados por essa realidade nova, para a qual os alunos, por razões óbvias, mas o professor também, estão muito desaparelhados. Então nós temos que criar os avanços correspondentes, nós temos de mudar o nosso modo de trabalho. Não é o professor uma ilha dentro da sala de aulas, dizendo o que pensa. Nós temos que fazer redes de pesquisas entre instituições que ensinam Economia, nas mais variadas partes do mundo, para todos nós, modestamente, começarmos a reconstruir as nossas cabeças* (Dowbor, 2014).

O desafio para o docente sempre será o de construir e reconstruir, constantemente, ao longo do tempo, o seu conhecimento, que podemos, neste ponto, denominar de conteúdo, de saberes e de competências:

- Conteúdo, pois à medida que avançamos no tempo, novas pesquisas são realizadas, permitindo que novos dados sejam agregados às disciplinas, tanto nas teóricas como nas práticas.

- Saberes, pois quando temos mudanças teórica e prática nos conteúdos disciplinares, surgem novas maneiras de enfrentar o processo de ensino-aprendizagem.
- Competências, pois novos conteúdos provocam novos saberes e estes novas competências para o exercício da função de docente.

Como exemplo cito Dowbor (2014), quando ele cita um texto de Celso Furtado no qual ele dizia que *"o que nos professores de Economia ensinamos, hoje, em geral, não fornece instrumentos adequados para entender a realidade econômica".* O básico, acrescenta Dowbor (2014) é o seguinte:

> *[...] o que se chama economia, houve um deslocamento extremamente profundo. Primeiro é que a gente está deixando de ver a economia como ciência, é uma área das Ciências Sociais. Ela não tem a suficiência explicativa, apenas no seu próprio âmbito. Você pode estudar tantos modelos e quanta Econometria quiser, você não vai entender a realidade*

Por outro lado, de acordo Masetto (2011), em entrevista[18] concedida a mim, um currículo deve sempre responder a um *"contexto de sociedade e um contexto de formação do profissional nessa sociedade"*, uma vez que ele é montado e organizado para a formação de profissionais de uma determinada área do conhecimento. Esse contexto é um ponto de partida, O outro ponto são as *"necessidades que existam presentes hoje nesse contexto"* e que estão apontando para um *"repensar"* do currículo existente e procurar *"novas respostas para essas novas necessidades"*.

O contexto atual de sociedade, continua Masetto (2011) *"está dando sinais de mudança nos três aspectos fundamentais de uma formação profissional"*, como segue:

> 1. Há que se pensar uma nova forma de trabalhar o conhecimento,
> 2. Há uma nova forma de se pensar de trabalhar com a formação profissional, e, para que isso aconteça,
> 3. Há uma nova forma de se trabalhar com o processo de aprendizagem.

Portanto, declara Masetto (2011), apoiado *"nesse tripé, a gente pode começar a pensar um currículo"*:

> *Você tem dois pontos: tem o trabalhar junto para atividade profissional que exige essa interprofissionalidade; outra coisa é que essa interprofissionalidade vai exigir que a própria área de economia*

---

[18] Entrevista realizada com o Prof. Dr. Marcos T. Masetto em 27 de outubro de 2011.

> *se abra para outros aspectos de atuação de análise econômica para as quais em geral eu não estou aberto, como economista. Quer dizer, é um movimento de mão dupla. Então, é um currículo de formação que tem que ser flexível, tem de ser integrado de tal forma que ao mesmo tempo se abra para uma atuação cooperativa com outras áreas ou outras especialidades e para ver o que deveria estar modificando na própria área de economia para poder fazer essa nova inserção. Então é uma coisa bastante complexa, mas é muito rica, porque traz evolução em termos das necessidades de hoje sobre os dois aspectos.*

Portanto as necessidades de um currículo para a formação de um economista dentro do contexto atual devem, segundo Masetto (2011), ser apresentadas num currículo flexível, que também podemos chamar de inovador. Ele contempla uma *"ação cooperativa"* com outras áreas do conhecimento e, no mesmo instante, agrega tudo o que de novo manifesta-se na própria área de economia. É uma *"coisa bastante complexa, mas é muito rica"*, pois ele incorpora toda evolução em termos de necessidades atuais nos dois aspectos.

Além desses, outros itens devem ser considerados nesse currículo inovador e, portanto, flexível, tais como:

> - as competências docentes devem considerar:
>   a) a dimensão política, ou seja, o docente não pode participar da formação de um profissional hoje para a sociedade brasileira ou internacional se ele não se conscientizar e ele não assumir que juntamente com um profissional competente ele tem que trabalhar com a formação de um profissional-cidadão, isto é, a inserção da profissão dentro do conceito de cidadania envolvendo a ética, a política, a cultura, o meio ambiente, entre outros;
>   b) o domínio da área pedagógica "aberta a inovações";
>   c) as próprias de um mediador de aprendizagem e de um processo de educação onde devem ser utilizadas as tecnologias de informação, comunicação, entre outras; além de
>   d) trabalhar em equipe, junto a outros professores.
> - os saberes: estes mantêm uma estreita "relação com o trabalho" docente na "escola e na sala de aula". As relações docentes com os saberes nunca são relações exclusivamente "cognitivas": elas são mediadas pelo "trabalho que lhes fornece princípios para enfrentar e solucionar situações cotidianas" (Tardif, 2002, p. 17).

Assim, por meio desta reflexão, deduzimos que:

- Todos somos educadores e aprendizes e, portanto, o ser humano é a "finalidade última do processo de produção pedagógica".
- Reconhecemos as ciências econômicas como uma ciência já em transformação. A financeirização da economia está a todo vapor, sendo um dos braços, hoje, mais importantes de todo o resto das ciências econômicas.
- Distinguimos, nessa proposta-exemplo de currículo flexível e, portanto, inovador, a formação de um profissional à altura de lidar com problemas e tomadas de decisões complexas.

CONSIDERAÇÕES FINAIS

O presente estudo direcionou-se em responder: "Quais são as concepções dos professores sobre os saberes e as competências necessárias ao docente do curso de Ciências Econômicas e a inserção deles (saberes e competências) para a transformação do currículo desse curso em uma instituição confessional da região da Grande São Paulo".

Primeiramente, é importante salientar que as pesquisas mostraram que muitos docentes ainda confundem currículo com grade curricular. Apesar de os docentes economistas pesquisados apresentarem noções do que seja um currículo, os docentes de formação diversa tratam currículo como sinônimo de disciplinas que formam o curso. Isso pode causar problemas de entendimento de como a disciplina deve ser conduzida em sala de aula. Não é à toa que alguns docentes não souberam responder perguntas relacionadas ao Projeto Pedagógico da instituição em que trabalham.

Existe também uma polêmica entre qual é o saber do professor ideal para um curso de Ciências Econômicas. Apesar de tanto os docentes economistas como os de formação diversa defenderem uma interdisciplinaridade, percebe-se que os professores de formação diversa preocupam-se mais com conteúdo a ser trabalhado enquanto os economistas estão preocupados em aliar teoria à prática de forma natural para o aluno, de modo que ele possa usar a teoria para interpretar a realidade ao seu redor.

Percebe-se que os docentes de formação diversa dão às suas aulas um enfoque conteudista, o que acaba por fragmentar o conhecimento, tornando-o distante da realidade do mercado e dos alunos. Já os docentes economistas preocupam-se em manter suas disciplinas enfocadas no que o currículo define, globalizando-as e mostrando um conhecimento mais realista e completo na área de Ciências Econômicas. A formação do docente economista permite que se trabalhe em sala de aula uma visão muito mais ampla da área.

O ensinar não significa sempre repassar o que o professor sabe, mas também demonstrar quem o professor é. Isso nos propõe uma reflexão importante sobre o dia a dia docente, que permite repensar uma postura conteudista, transformando-a em algo pautado na teoria entrelaçada à prática de forma natural e não forçada, considerando-se o professor como um mediador entre o aluno e o conhecimento.

Para isso, o docente precisa combinar a competência básica na sua área de conhecimento, ou melhor, ter o domínio do conhecimento teórico agregado da sua prática de mercado; o domínio da área pedagógica para poder trabalhar o currículo, utilizar as tecnologias de informação e comunicação e nunca perder de vista a sua dimensão política no sentido de entender que em seu horizonte está a formação de um profissional competente e cidadão crítico e criativo face a seus direitos e deveres.

Ao retratar o pensamento e as concepções dos docentes do curso de Ciências Econômicas da instituição pesquisada, espera-se que a pesquisa ofereça algum referencial também aos cursos de Ciências Econômicas de instituições que pretendam que seus professores, ao refletirem sobre sua prática, contribuam para necessárias inovações curriculares, ou seja, mudanças que melhorem esse curso.

Concluindo, o currículo do curso de Ciências Econômicas para a formação profissional que se exige hoje de um economista em sua área de conhecimento deve levar em consideração, segundo o meu ponto de vista, os seguintes pontos:

a. A atualização da área em termos de conteúdos: cognitivos, atitudinais e procedimentais.

b. Atualização em termos de tecnologia envolvida.

c. Atualização do conhecimento interdisciplinar para uma prática e uma atividade Inter profissional que exige conhecimentos específicos da área de economia e também de outras áreas afins, como administração, sociologia, a área política, a história, o direito e a própria área de educação.

Portanto a formação do profissional em Economia deve levar em consideração todas essas interfaces. O presente estudo não pretende esgotar as discussões a respeito dos currículos inovadores ou das práticas docentes no curso de Ciências Econômicas, mas propiciar uma discussão produtiva que possa até mesmo desencadear novas dissertações e teses sobre o tema e, possivelmente, auxiliar instituições que busquem currículos inovados e inovadores.

REFERÊNCIAS

ARAGÃO, Rosália Maria Ribeiro de; SANTOS NETO, Elydio dos; SILVA, Paulo Bessa da. **Tratando da indissociabilidade ensino, pesquisa, extensão**. São Bernardo do Campo: Universidade Metodista de São Paulo, 2002.

ATKINSON, Anthony A.; BANKER, Rajiv D.; KAPLAN, Robert Samuel; YOUNG, S. Mark. **Contabilidade gerencial**. Tradução de André Olimpio Mosselman Deu Chenoy Castro. São Paulo: Atlas, 2000.

BENADIBA, Moses. **Um estudo sobre a controladoria na indústria de pequeno porte no município de São Paulo**. 2002. 172f. Dissertação (Mestrado em Controladoria e Contabilidade Estratégica) – Centro Universitário Álvares Penteado, Fundação Escola de Comércio Álvares Penteado, São Paulo, 2002.

BENADIBA, Moses. **De contador a professor de ciências contábeis**: uma investigação (auto)biográfica a partir das problemáticas da prática pedagógica e da pesquisa. 2007. 207f. Dissertação (Mestrado em Educação) – Programa de Pós-Graduação, Universidade Metodista de São Paulo, São Bernardo do Campo, 2007.

BRASIL. Ministério da Educação. **Resolução n.º 4, de 13 de julho de 2007**. Institui as diretrizes curriculares nacionais do Curso de Graduação em Ciências Econômicas bacharelado e dá outras providências. Disponível em: http://portal.mec.gov.br/cne/arquivos/pdf/2007/rces004_07.pdf. Acesso em: 10 nov. 2014.

BRITO, Regina Lúcia Giffoni Luz de. Cultura, clima e gestão da escola. *In:* FELDMANN, Marina Graziela. **Formação de professores e escola na contemporaneidade**. São Paulo: Senac, 2009.

BRITO, Regina Lúcia Giffoni Luz de (org). **Educação para o conviver e a gestão da aprendizagem**: o educador gestor e o gestor educador. Curitiba: Appris, 2011.

CANÁRIO, Rui. **A escola tem futuro?** Das promessas às incertezas. Porto Alegre: Artmed, 2007.

CASTANHO, Maria Eugênia de Lima e Montes; CASTANHO, Sérgio Eduardo Montes. Contribuição ao estudo da História da Didática no Brasil. *In*: 31ª REUNIÃO ANUAL DA ANPED. **Anais** [...]. Caxambu, de 19 a 22 de outubro de 2008. Disponível em: http://www.anped.org.br/reunioes/31ra/1trabalho/GT04-4031--Int.pdf. Acesso em: 30 dez. 2008.

CHIZZOTTI, Antonio. **Pesquisa qualitativa em ciências humanas e sociais**. 2. ed. Petrópolis: Vozes, 2008.

CORECON. **O bacharel em Ciências Econômicas**. 17 de novembro de 1952. Disponível em: http://www.coreconsp.org.br/. Acesso em: 24 fev. 2009.

COSTA, Eduardo José Monteiro. **O surgimento da ciência econômica e o papel do economista**. 2 de abril de 2012. Disponível em: http://www.cofecon.org.br/noticias/artigos/16-artigo/2485-artigo-qo-surgimento-da-ciencia. Acesso em: 25 nov. 2014.

DEMO, Pedro. **Educar pela pesquisa**. Campinas: Autores Associados, 2003.

DEMO, Pedro. **Pesquisa:** princípio científico e educativo. 11. ed. São Paulo: Cortez, 2005.

DEMO, Pedro. **Metodologia para quem quer aprender**. São Paulo: Atlas, 2008.

DOWBOR, Ladislau. **Prefácio à obra de Paulo Freire**: À sombra desta mangueira. São Paulo: Olho d'Água, 1995. Disponível em: http://dowbor.org/paulof.asp. Acesso em: 28 nov. 2008.

DOWBOR, Ladislau. **Tecnologias do conhecimento**: os desafios da educação. 3. ed. Petrópolis: Vozes, 2005.

DOWBOR, Ladislau. **Entrevista concedida a Moses Benadiba**. São Paulo, 22 de outubro de 2014.

FARIA, Lenilda Rêgo Albuquerque de. O diálogo entre a pedagogia e a didática: da busca contra-hegemônica das orientações educativas das décadas de 1980 e 1990 aos rebatimentos pós-modernos nas recentes produções acadêmicas. *In*: 31ª REUNIÃO ANUAL DA ANPED. **Anais** [...]. Caxambu, de 19 a 22 de outubro de 2008. Disponível em: http://www.anped.org.br/reunioes/31ra/1trabalho/GT04-4045--Int.pdf. Acesso em: 30 dez. 2008.

FAZENDA, Ivani (org.). **Metodologia da pesquisa educacional**. 12. ed. São Paulo: Cortez, 2010. p. 161-179.

FELDMANN, Marina Graziela. Questões contemporâneas: mundo do trabalho e democratização do conhecimento. *In:* SEVERINO, Antônio Joaquim; FAZENDA, Ivani Catarina Arantes (org.). **Políticas educacionais**: o ensino nacional em questão. Campinas: Papirus, 2003.

FREIRE, Paulo. **Pedagogia do oprimido**. Rio de Janeiro: Paz e Terra, 1987.

FREIRE, Paulo. **Pedagogia da autonomia**. Saberes necessários à prática educativa. 15. ed. São Paulo: Paz e Terra, 2000.

FREIRE, Paulo; SHOR, Ira. **Medo e ousadia**: o cotidiano do professor. 10. ed. Rio de Janeiro: Paz e Terra, 2003.

FURLANI, Lúcia Maria Teixeira. **A claridade da noite**: os alunos do ensino superior noturno. São Paulo: Cortez, 1998.

GATTI, Bernardete Angelina. **Grupo focal na pesquisa em ciências sociais e humanas**. Brasília: Líber, 2005.

GIL, Antonio Carlos. **Didática do ensino superior**. 5. reimpr. São Paulo: Aintlas, 2010.

HARGREAVES, Andy. **O ensino na sociedade do conhecimento**: educação na era da insegurança. Tradução de Roberto Cataldo Costa. Porto Alegre: Artmed, 2008.

LAVILLE, Christian; DIONNE, Jean **A construção do saber**: manual de metodologia da pesquisa em ciências humanas. Porto Alegre: Artmed; Belo Horizonte: Editora da Universidade Federal de Minas Gerais, 2008.

LÜDKE, Menga; ANDRÉ, Marli Eliza Dalmazo Afonso de. **Pesquisa em educação**: abordagens qualitativas. São Paulo: Editora Pedagógica e Universitária, 1986.

MASETTO, Marcos Tarciso. **Didática – a aula como centro**. 4. ed. São Paulo: FTD, 1997.

MASETTO, Marcos Tarciso. **Competência pedagógica do professor universitário**. São Paulo: Summus, 2003.

MASETTO, Marcos Tarciso. Inovação na Educação Superior. **Revista Interface – Comunicação – Saúde Educação**, São Paulo, v. 8, n. 14, submetido em set. 2003 – publicado em fev. 2004.

MASETTO, Marcos Tarciso. **Apresentação**. *In:* FELDMANN, Marina Graziela. Formação de professores e escola na contemporaneidade. São Paulo: Senac, 2009.

MASETTO, Marcos Tarciso. **O professor na hora da verdade**: a prática docente no ensino superior. São Paulo: Avercamp, 2010.

MASETTO, Marcos Tarciso. Entrevista concedida a Moses Benadiba. São Paulo, 27 de outubro de 2011.

MORIN, Edgar. **Os sete saberes necessários à educação do futuro**. 6. ed. São Paulo: Editora Cortez; Brasília, DF: UNESCO, 2002.

PERRENOUD. Philippe. **Novas competências para ensinar**. Porto Alegre: Artes Médicas Sul, 2000.

PIKETTY, Thomas. **O capital do século 21**. 1. ed. São Paulo: Intrínseca, 2014.

PIMENTA, Selma Garrido; ANASTASIOU, Léa das Graças Camargos. **Docência no ensino superior**. São Paulo: Cortez, 2002. v. 1.

PIMENTA, Selma Garrido; GHEDIN, Evando (org.). **Professor reflexivo no Brasil**: gênese e crítica de um conceito. 2. ed. São Paulo: Cortez, 2002.

POZO, Juan Ignacio. **Aprendizes e mestres**: a nova cultura da aprendizagem. Tradução de Ernani Rosa. Porto Alegre: Artmed, 2008.

SACRISTÁN, José Gimeno; GÓMEZ, Ángel Ignacio Pérez. **Compreender e transformar o ensino**. 4. ed. Porto Alegre: Artmed, 2007.

SANDRONI, Paulo. **Dicionário de economia do século XXI**. 3. ed. Rio de Janeiro: Record, 2007.

SANTOS NETO, Elydio dos. Filosofia e prática docente: fundamentos para a construção da concepção pedagógica do professor e do projeto político-pedagógico na escola. *In*: II ENCONTRO INTERNACIONAL DE FILOSOFIA E EDUCAÇÃO. **Anais** [...] Universidade Estadual do Rio de Janeiro, Rio de Janeiro, 9 a 11 de setembro de 2004.

SAUL, Ana Maria. **Avaliação emancipatória**: desafio à teoria e à pratica de avaliação e reformulação de currículo. 5. ed. São Paulo: Cortez, 2000.

SAVIANI, Nereide. **Saber escolar, currículo e didática**: problemas da unidade, conteúdo/método no processo pedagógico. Campinas: Autores Associados, 2010.

SCHÖN, Donald Alan. **Educando o profissional reflexivo**: um novo design para o ensino e a aprendizagem. Tradução de Roberto Cataldo Costa. Porto Alegre: Artmed, 2000.

SEVERINO, Antonio Joaquim. **Metodologia do trabalho científico**. 23. ed. São Paulo: Cortez, 2007.

SILVA, Tomaz Tadeu da. **Documentos de identidade**: uma introdução às teorias do Currículo. 3. ed. 1. reimp. Belo Horizonte: Autêntica, 2010.

TARDIF, Maurice. **Saberes docentes e formação profissional**. Petrópolis: Vozes, 2002.

TAVARES, Rosilene Horta. A didática crítica frente ao toyotismo e às tecnologias informacionais. *In*: 31ª REUNIÃO ANUAL DA ANPED. **Anais** [...]. Caxambu, de 19 a 22 de outubro de 2008. Disponível em: http://www.anped.org.br/reunioes/31ra/1trabalho/GT04-5042-- Int.pdf. Acesso em: 19 mar. 2009.

VASCONCELLOS, Marco Antonio Sandoval de. **Economia: micro e macro**. São Paulo: Editora Atlas, 2006.

VEIGA, Ilma Passos Alencastro. Didática: uma retrospectiva histórica. *In:* VEIGA, Ilma Passos Alencastro (coord.). **Repensando a didática**. 25. ed. Campinas: Papirus, 2007.

ZABALZA, Miguel Angel. **O ensino universitário**: seu cenário e seus protagonistas. Tradução de Ernani Rosa. Porto Alegre: Artmed, 2007.